CÓMO NEGOCIO DE REDES DE MERCADEO EN

MINUTOS AL DÍA

KEITH Y TOM "BIG AL" SCHREITER

Cómo Construir Tu Negocio de Redes de Mercadeo en 15 Minutos al Día

Publicado por Fortune Network Publishing

PO Box 890084
Houston, TX 77289 Estados Unidos
Teléfono: +1 (281) 280-9800

BigAlBooks.com

ISBN-10: 1-948197-23-5

ISBN-13: 978-1-948197-23-6

CONTENIDOS

Viajo por el mundo más de 240 días al año.
Envíame un correo si quisieras que hiciera
un taller "en vivo" en tu área.

→ BigAlSeminars.com ←

¡OBSEQUIO GRATIS!

¡Descarga ya tu libro gratuito!

Perfecto para nuevos distribuidores. Perfecto para
distribuidores actuales que quieren aprender más.

→ BigAlBooks.com/freespanish ←

Otros geniales libros de Big Al están disponibles en:

→ BigAlBooks.com/spanish ←

PREFACIO

El Principio de Pareto dice que el 20% de nuestro trabajo nos da 80% de nuestros resultados. Así que, ¿por qué no concentrarnos en hacer nuestro 20% lo mejor que podamos?

¿Qué sucedería si sólo trabajamos en el 20% altamente productivo que nos deja con los mejores resultados? Si eso ocurre, podremos lograr mucho en un corto lapso de tiempo.

¿Algunos detalles y tareas se caerán entre las grietas? Por supuesto. Pero si podemos vivir con 80% de los resultados por ahora, podemos alcanzar el ritmo de todos los detalles después.

En este libro, sólo veremos las tareas más importantes para construir nuestro negocio y que podamos realizar en el menor tiempo. Comencemos.

—Keith y Tom "Big Al" Schreiter

15 MINUTOS AL DÍA.

¿Construir un negocio de redes de mercadeo en sólo 15 minutos al día? ¿Es eso posible?

15 minutos al día no es lo ideal. Queremos disponer de más tiempo.

Pero, si somos padres ocupados, estamos saturados de trabajo, o tenemos severas limitaciones de tiempo, esto no debería de dejarnos fuera de los beneficios que ofrecen los negocios en redes de mercadeo.

Todos deberían de tener una oportunidad para construir un negocio en redes de mercadeo, sin importar que tan limitados sean sus recursos. Demos un vistazo a algunos de los retos que podemos enfrentar mientras construimos nuestro negocio:

- No tenemos tiempo.
- No conocemos a nadie.
- No sabemos cómo interactuar con personas.
- Vivimos en un área remota.
- Tenemos habilidades sociales deficientes.
- No hemos aprendido habilidades para redes de mercadeo aún.
- No somos organizados.

Un tiempo limitado es sólo uno de los muchos retos que podemos enfrentar.

eptar el reto de poco tiempo, salir adelante y
ro negocio. O, podemos dejar que el reto de poco
rrote. Si has leído hasta este punto, ya tomaste la
errotar los obstáculos del tiempo y salir adelante.

Nuestros retos del tiempo limitado.

Construir un negocio en sólo 15 minutos al día requiere de
acciones enfocadas y concentradas. Debemos usar este tiempo
para prospectar, desarrollar nuevos contactos, presentaciones,
seguimientos, entrenamientos y liderar a nuestro equipo. Eso es
demasiado por hacer en sólo 15 minutos.

No podemos pasar este tiempo barajando papeles o mirando
por la ventana mientras hacemos planes para la semana que
viene. Estos 15 minutos deberían de ser los minutos más
productivos de nuestro día.

Si enfocamos estos minutos en actividades que producen
ingreso, sí, podremos construir nuestro negocio. Podremos
invertir más tiempo después.

Incluso si estamos trabajando tres empleos, estamos
ocupados con nuestra familia, y tenemos un calendario repleto
de obligaciones, podemos participar y construir nuestro negocio
de redes de mercadeo. No será tan fácil como si tuviésemos 20
horas por semana. Pero, es posible.

¿Tenemos 15 minutos al día? Sí. Todos tienen 24 horas
en el día. La persona más rica en el mundo y el vago más
despreocupado... ambos tienen 24 horas en el día.

El secreto está en cómo distribuimos el tiempo.

Podemos elegir lo que queremos hacer con nuestras 24 horas. Decidimos pasar tiempo en nuestro trabajo. Decidimos pasar tiempo comiendo y durmiendo.

Sí, tenemos el poder de separar 15 minutos para nuestro negocio.

Incluso si sentimos que estamos demasiado ocupados, podemos encontrar 15 minutos en nuestros saturados calendarios. Así que, vamos a prepararnos para el enfoque. Con sólo 15 minutos al día, debemos ser rápidos y eficientes.

¿Sigues con dudas sobre lo que podemos lograr en 15 minutos?

Aquí hay un ejemplo de logro por enfoque láser en tan sólo 15 minutos:

¿Alguna vez hemos recibido una llamada de un amigo que resulta estar cerca y quiere pasar a visitarnos? Colgamos el teléfono, damos un vistazo alrededor de la casa, y vemos una zona de desastre. La cocina está llena de platos sucios, montañas de ropa sucia por doquier, y los juguetes de los niños están cubriendo cada centímetro cuadrado de piso. ¿Qué hacemos?

Comenzamos a limpiar como si nunca habíamos limpiado antes. Nos enfocamos como láser en la tarea de limpieza, y en unos pocos minutos dejamos nuestra casa presentable justo cuando suena el timbre.

Es asombroso lo mucho que podemos lograr con la motivación apropiada.

Nuestros 15 minutos por día se acumulan con el tiempo.

La consistencia en el tiempo puede producir resultados gigantes. Un poco cada día es mejor que tratar de hacer campañas masivas cada pocos meses. Piensa en nuestros 15 minutos al día como si estuviésemos entrando en forma. ¿Cuál método piensas que tendría los mejores resultados?

A. Hacer tanto como sea posible durante 48 horas hasta que caigamos exhaustos. Luego, repetir lo mismo dentro de uno o dos meses.

B. Ejercitarnos regularmente por 15 minutos al día.

Obviamente, "B" es la mejor opción. La consistencia nos ayuda a crear hábitos. Y los hábitos no necesitan fuerza de voluntad constantemente. Este es un mejor camino al éxito.

El secreto es **agendar** nuestros 15 minutos al día. Si tratamos de encajar nuestros 15 minutos al día dentro del tiempo que nos sobra, fracasaremos.

Y las buenas noticias son...

Al comienzo, puede que sólo tengamos 15 minutos al día para construir nuestro negocio. Pero después, cuando hayamos incrementado nuestro ingreso, podemos dedicar más tiempo en nuestro día para nuestro negocio.

Pueden ser 15 minutos al día cuando iniciamos, pero no tienen que ser 15 minutos al día por siempre.

EL ÉXITO REQUIERE ESTAS DOS COSAS.

¿Alguna vez hemos visto a alguien trabajar muy duro, y no tener éxito? ¿Por qué sucede esto?

Dos factores son necesarios para el éxito. Si uno de los factores falta, fracasamos. Antes de entrar en acción sin dirección, vamos a asegurarnos de que tenemos estos dos factores en su lugar. Trabajar duro puede ser una virtud, pero nosotros queremos trabajar duro y obtener resultados.

Factor #1. Una mentalidad de éxito.

Queremos que nuestra mente trabaje para nosotros, no en nuestra contra. Pocos de nosotros tuvimos el privilegio de recibir una mentalidad exitosa de nuestros padres. Ellos no querían que sufriéramos desilusiones. Así que, nos decían que fuéramos cautelosos, escépticos, y que bajáramos nuestras expectativas. Terminamos fijando metas pequeñas o, peor aún, ninguna meta en absoluto.

Podemos tener decenas de miles de impresiones en nuestra mente que nos dicen que no podemos hacer algo. Es difícil ir en contra de esta sobrecarga de negatividad. Necesitamos tiempo para colocar impresiones positivas dentro de nuestra mente para contrarrestar este enorme archivo de negatividad.

5

Nuestro viaje requiere una mentalidad positiva. Los prospectos responden mejor cuando tenemos expectativas de éxito.

Hay una manera de colocar impresiones positivas dentro de nuestra mente cuando sólo tenemos 15 minutos al día para construir nuestro negocio. Las revisaremos más adelante. Por ahora, veamos el segundo factor que debemos de reunir para alcanzar el éxito.

Factor #2. Un nuevo grupo de habilidades para la profesión de redes de mercadeo.

Nadie espera que conozcamos cada habilidad de cada profesión en el universo. Cuando comenzamos un negocio de redes de mercadeo, no tenemos habilidades de redes de mercadeo. Las habilidades que tenemos son para nuestra profesión actual, no para redes de mercadeo. Esto significa que debemos de invertir tiempo y energía en aprender las habilidades de nuestra nueva profesión.

Querer algo y tener las habilidades para obtenerlo son dos cosas completamente diferentes. Desear, esperanzar y fingir no produce resultados. Debemos aprender habilidades reales, tales como mover nuestro mensaje desde nuestro cerebro al cerebro de nuestro prospecto. Pero podemos aprender cómo hacer esto.

Haciéndolo bien.

Si nos enfocamos en una mentalidad exitosa, y un nuevo juego de habilidades, creceremos rápidamente. Si no tenemos estos dos factores en su lugar, trabajaremos muy duro y... fracasaremos.

Antes de que nos apresuremos a la hiperactividad sin destino, vamos a asegurarnos de que tenemos estos dos factores de éxito presentes en nuestras vidas.

¿Listo? Comenzaremos con nuestro tiempo para desarrollo personal para que nuestras mentes trabajen para nosotros. Queremos que nuestras mentes subconscientes trabajen 24 horas al día, ayudándonos a creer que lograremos llegar a nuestro destino.

ESTRATEGIA DE PODER #1: CREANDO TIEMPO PARA DESARROLLAR LA MENTE.

¿Cuándo podemos encontrar tiempo para escuchar, leer, y aprender sobre habilidades y mentalidad de éxito? ¿Y cómo podemos hacer esto mientras no estamos usando nuestros preciados 15 minutos al día? Queremos usar esos valiosos minutos en conversaciones con prospectos.

La solución es mucho más fácil de lo que pensamos. Aquí hay algunas pocas maneras de poner algo de educación en nuestro día.

#1. Usar los primeros minutos de nuestro día.

En nuestro libro, *3 Hábitos Fáciles para Redes de Mercadeo: Automatiza tu Éxito en MLM*, describimos este mini-hábito que podemos desarrollar cada mañana.

Nuestro despertador suena. Mientras alcanzamos nuestro teléfono inteligente para detener la alarma, inmediatamente hacemos una segunda acción. Presionamos "play" en un audio de desarrollo personal. Este audio puede ser sobre mentalidad, habilidades de patrocinio, información de producto, u otras cuestiones que necesitemos conocer sobre nuestro negocio.

Reproducimos este audio como fondo mientras nos alistamos para nuestro día. Sí, como fondo. No es lo ideal pero es lo mejor que podemos hacer. No tenemos tiempo para sentarnos con pluma y cuaderno mientras escuchamos este audio. Somos gente ocupada.

Así que mientras nos bañamos, aplicamos maquillaje, o preparamos el desayuno para los niños, escucharemos y nos educaremos con el fondo. ¿Qué es lo que sucede en la vida real? Terminamos escuchando más que unos pocos minutos. Este es tiempo adicional para nuestro aprendizaje.

Pero nuestras oportunidades de educación no terminan ahí.

#2. Usar el tiempo de transportación.

Si conducimos al trabajo, podemos reproducir audios en el coche. Si no tenemos que conducir al trabajo, podemos leer y estudiar en el autobús o el tren. ¿Cuánto tiempo pasamos transportándonos? Podríamos pasar la mayoría de este tiempo leyendo, escuchando, y aprendiendo.

¿Qué es lo que la mayoría de la gente hace con su tiempo de transportación? Lo desperdician.

Para algunas personas, es escuchar música country. Sí, incluso memorizan las letras deprimentes. Definitivamente no es un buen uso del tiempo si quieren construir un negocio. Otras personas se relajan, escuchan música de elevador, fantasean despiertos, y miran a través de la ventanilla. ¿En qué están soñando? Sus fantasías giran en torno a cómo serían sus vidas si no tuviesen que ir a trabajar. Soñar es lindo, pero no nos sacará de ese trabajo. Debemos tomar acción.

El tiempo de transporte puede ser una hora o más cada día. Eso es mucho tiempo de aprendizaje.

#3. Usar el tiempo que pasamos en actividades de bajo nivel.

A través de nuestro día, no todas las actividades requieren un alto nivel de pensamiento racional. Muchas actividades las podemos realizar en piloto automático. Esto deja a nuestra mente libre para aprender habilidades de redes de mercadeo y desarrollo personal. Aquí tienes algunos de dichos momentos:

- Podar el césped.
- Lavar los platos.
- Caminar a la tienda o la casa de un vecino.
- Limpiar la cochera.
- Limpiar la casa.
- Mirar a los niños jugar en el parque.
- Hacer ejercicio en la caminadora.

Haz una lista de estas actividades. Luego, planifica tener al alcance algo de material de entrenamiento para estos minutos.

#4. ¿Qué tal si nos gusta leer?

Si parte de nuestra rutina diaria es leer durante 15 minutos antes de ir a dormir por la noche, todo lo que tenemos que hacer es cambiar nuestro material de lectura. En lugar de una entretenida novela, podemos elegir leer un libro sobre habilidades para redes de mercadeo, o cómo tener una mente positiva.

¿Qué tal si nuestra rutina es leer el diario por la mañana o revisar las noticias en internet? La mayoría de esas noticias son negativas. Las noticias positivas rara vez aparecen en los encabezados. Cuando leemos noticias negativas, colocamos más pensamientos negativos dentro de nuestra mente subconsciente. Recuerda, nuestra misión es balancear toda nuestra negatividad acumulada, con pensamientos más positivos.

Pero nos preocupamos, "¿Qué va a pasar si no leo las noticias?" No entres en pánico. Si algo importante llegara a suceder nuestros amigos nos lo harán saber. Las noticias negativas son un tema popular entre amigos.

En lugar de nuestra dosis diaria de noticias negativas, llenamos estos minutos con aprendizajes sobre habilidades y mentalidad positiva. Piensa en todas las nuevas habilidades que podemos aprender mientras los demás leen las deprimentes noticias. Podríamos aprender habilidades de comunicación, habilidades de cierre, habilidades de prospección, cómo programar nuestro cerebro, y mucho más.

ESTRATEGIA DE PODER #2: CREANDO TIEMPO PARA APRENDER LAS CUATRO HABILIDADES CENTRALES.

Ahora tenemos nuestro plan para mejorar nuestra mentalidad. Podemos construir nuestra mentalidad en el fondo para no desperdiciar ninguno de nuestros 15 minutos al día.

Queremos pasar nuestros 15 minutos en acción. Eso significa: hablando con prospectos, presentando, haciendo cierres, y liderando a nuestro equipo. Nuestros 15 minutos al día deben ser de acción enfocada y concentrada. Las siguientes actividades no cuentan como acción enfocada y concentrada:

- Reacomodar nuestro diario.
- Revisar redes sociales para ver qué hacen nuestros amigos.
- Limpiar el escritorio.
- Leer de nuevo el boletín de la compañía.
- Conversar con nuestra línea de auspicio sobre rumores de productos nuevos.
- Seleccionar nuestra vestimenta para la junta de la noche.

Estas actividades no construyen nuestro negocio, y por lo tanto no deberían ser prioritarias.

Cada uno de nuestros 15 minutos debe de ser usado sólo en las más efectivas y eficientes actividades que construyan nuestro negocio.

Efectivo significa que estamos haciendo la actividad más valiosa en el momento.

Eficiente significa que obtenemos resultados en la menor cantidad de tiempo.

¿Cuándo tendremos el tiempo para aprender las habilidades centrales de nuestro negocio de redes de mercadeo?

Usaremos el mismo tiempo de fondo que usamos para mejorar nuestra mentalidad. Podemos escuchar o leer durante estas horas no-pico de nuestro día.

La motivación es linda, pero requerimos de habilidades para realizar el trabajo.

¿Y cuáles habilidades deberíamos aprender en el fondo?

Sabemos a dónde deseamos ir, pero no sabemos cómo llegar ahí. La estrategia más común de los nuevos distribuidores es tener esperanza, desear, fingir y pretender que son exitosos con la ilusión de que el éxito mágicamente aparezca.

¿El problema? Esto nunca funciona.

Sí, puede que tengamos la mentalidad y una actitud positiva. Desafortunadamente, lo que nos falta son las habilidades para hacer que suceda. Uno de los sentimientos más frustrantes es querer algo con mucha fuerza, pero carecer de las habilidades para hacer que ocurra.

Como en toda profesión, hay habilidades centrales que debemos aprender. Los dentistas necesitan habilidades. Los ingenieros necesitan habilidades. Los contadores necesitan habilidades.

Redes de mercadeo no es la diferencia.

¿Cuáles son algunas de las habilidades centrales básicas que debemos de aprender para que nuestros sueños se hagan realidad? Aquí hay cuatro habilidades centrales sobre las cuales deberíamos de enfocarnos en el comienzo de nuestras carreras:

#1. Crear confianza y creencia en nuestros prospectos. Si nuestros prospectos no creen las cosas buenas que decimos, no tenemos oportunidad. Nuestras compañías podrían ofrecer el mejor plan del mundo, pero si no hay confianza o creencia, nuestros prospectos no se enganchan. Afortunadamente, esto sólo toma pocos segundos. Pero si no sabemos cómo crear esa confianza o creencia, conduciremos carreras de frustración.

#2. Aprender frases creativas para romper el hielo. Queremos convertir una conversación social y chacoteos en conversaciones sobre nuestro negocio. No queremos lucir como vendedores abusivos ni codiciosos. En lugar de eso, queremos guiar a las personas que tienen problemas para que consideren nuestras soluciones. Esto elimina ese sentimiento incómodo que tenemos cuando suplicamos a las personas para ver nuestro video corporativo, o revisar nuestro panfleto.

Soluciones para sus problemas.

15

#3. Cómo cerrar prospectos. No tomamos clases de cierre en la escuela, y nuestros padres no nos enseñaron esta habilidad tampoco. Así que, por supuesto que no podemos comprender cómo nuestros prospectos toman sus decisiones. ¿Qué ocurre en la mente de nuestros prospectos? ¿Cómo podemos ayudar a que nuestros prospectos superen su miedo al cambio si no sabemos que es lo que está ocurriendo dentro de sus mentes? Debemos aprender esta nueva habilidad para que seamos efectivos cuando hablamos con las personas. Cuando no usamos esta habilidad, el cierre produce miedo y rechazo. Esa es una mala combinación.

#4. comprender cuándo y cómo dar una presentación. Lamentablemente, aún seguimos dando presentaciones como si fuera 1960. En los viejos tiempos, los vendedores eran entrenados para hablarle a las personas, decirles que mantuvieran sus preguntas hasta el final, y descargar información ilimitada con la esperanza de que todo esto convenza al prospecto de comprar o unirse. La ciencia cerebral moderna demuestra que esta es una manera perfecta de repeler a las personas. Sí, lo que pensábamos que funcionaba, de hecho hace que la gente huya. Necesitamos aprender los nuevos métodos sobre cómo hacer presentaciones.

¿En resumen?

Si no estamos donde queremos estar con nuestro negocio de redes de mercadeo, puede no ser nuestra mentalidad lo que nos detiene. Saltar de arriba a abajo en los eventos, hacer cara de bravos, y pensar en afirmaciones positivas antes de hablar con prospectos, sólo sirve hasta cierto punto.

En la mayoría de casos, nos faltan habilidades centrales sobre cómo enganchar a los prospectos y hacer que tomen decisiones. Colocar nuestros esfuerzos en aprender estas habilidades centrales puede ser el camino más rápido para que logremos realizar nuestros sueños.

ESTRATEGIA DE PODER #3:
LIDERAZGO DECISIVO.

Sucede. Un miembro del equipo se queja: –Mi negocio no está trabajando.–

Sabemos que los negocios no trabajan. **Nosotros** trabajamos. ¿Pero cómo evitamos perder horas consolando a nuestros miembros del equipo con este problema?

¿La respuesta? Debemos diagnosticar rápidamente la razón verdadera por la que su negocio no está trabajando.

Afortunadamente, es muy fácil de hacer. Hay una fórmula simple. Todo lo que debemos hacer es hacernos esta pregunta:

"¿Esta persona está fracasando en su negocio por que no QUIERE hacerlo, o por que no PUEDE hacerlo?"

Ahora sabemos el problema correcto de resolver. No desperdiciamos tiempo.

1. Si el miembro de nuestro equipo fracasa por que no QUIERE hacerlo, es un problema de mentalidad. Se necesita más desarrollo personal. Nuestro miembro tiene programas internos que lo detienen y no lo dejan actuar. Darle más técnicas no resolverá el problema.

2. Si el miembro de nuestro equipo fracasa por que no PUEDE hacerlo, es un problema de habilidades. Ahora debemos ayudar a nuestro miembro a aprender exactamente qué decir, y exactamente qué hacer, cuando hable con prospectos. Más motivación no servirá. Sin importar cuán motivados estemos, aún tenemos que saber cómo hacer nuestro trabajo. Una de las frustraciones más grandes para los miembros nuevos es tener la motivación, pero no las habilidades para lograr lo que quieren.

Como líderes, queremos que los miembros de nuestro equipo mejoren y salgan adelante. Al saber exactamente qué es lo que los detiene, podremos dirigirlos en la dirección correcta para una mejora inmediata.

Diagnosticar el problema no toma mucho tiempo. Y, no pasaremos horas y horas consolando a los miembros de nuestro equipo por su falta de progreso. En su lugar, nos movemos rápidamente para resolver el problema.

Todo lo que debemos hacer es recordar la pregunta:

"¿Esta persona está fracasando en su negocio por que no QUIERE hacerlo, o por que no PUEDE hacerlo?"

ESTRATEGIA DE PODER #4: OBTENER PROSPECTOS.

Necesitamos prospectos rápido. No podemos esperar a que los prospectos mágicamente aparezcan.

La mayoría de las personas comienzan con su mercado caliente, las personas que conocen. Esta es una manera rápida y eficiente de conseguir una audiencia. ¿Por qué?

Los prospectos atraviesan cinco pasos mentales para tomar sus decisiones. Los primeros dos pasos son:

#1. ¿Quién eres? Si somos desconocidos, esto tomará un poco de tiempo para que nuestro prospecto nos procese.

#2. ¿Puedo creerte y confiar en ti? Este segundo paso mental es muy importante. Si estamos hablando con alguien que conocemos, no tenemos que invertir tiempo en establecer confianza.

Pero conozco muy pocas personas.

Aquí están las buenas noticias. La mayoría de las personas ya están predispuestas a ser prospectos para nuestra oportunidad.

Pregunta esto a 100 personas: "¿Quieres más dinero en tu vida o menos dinero?"

¿Qué piensas que dirán? "¡Más dinero!"

Si casi todos son prospectos, eso significa que no tenemos que buscar prospectos. Buscar prospectos toma mucho tiempo. En lugar de eso, aprenderemos a crear a pedido prospectos predispuestos.

Crear prospectos al instante significa que podemos prospectar efectivamente donde sea, cuando sea. Incluso si sólo tenemos unos pocos segundos, podemos crear nuevos prospectos.

¿Esto requiere de aprender algunas nuevas habilidades? Por supuesto.

Así que aprendamos exactamente qué decir para crear estos prospectos nuevos.

HABILIDADES DE PROSPECCIÓN.

¿Sólo tienes 15 minutos al día? Una gran ventaja es que debemos de ir al punto. No tenemos tiempo para conversaciones huecas con otros. Conversaciones sobre el clima, el gran partido de anoche, o la premier del último programa de televisión no sacarán adelante a nuestro negocio. Nuestro tiempo limitado significa:

#1. Queremos saber si las personas con quienes hablamos están interesadas o no.

#2. Queremos hablar con personas que están listas para tomar acción.

A muchas personas les llevará meses tomar una decisión. Algunos tienen que esperar hasta tener las condiciones perfectas en su vida. Algunas personas sólo quieren satisfacer su necesidad. ¿Estas personas se pueden eventualmente convertir en buenos prospectos después de un cuidado constante? Sí, pero esto a menudo no entra en nuestro actual calendario para construir nuestro negocio.

Sólo podemos concentrarnos en los prospectos que pueden salir adelante ahora.

¿Cuáles son algunas de las preguntas o acercamientos que podemos usar para medir el interés inicial de nuestro prospecto? Aquí hay algunas ideas.

"¿Estás casado con tu empleo o tienes una mente abierta?"

Hablar con personas de mente cerrada es una pérdida de tiempo. No sacamos adelante nuestro negocio, y ocupamos tiempo en su día. La mayoría de las personas dirá que tienen una mente abierta, así que debemos "leer entre líneas."

Si su respuesta es escéptica o sin compromiso, ahora es un buen momento para que conversemos. Eventualmente pueden convertirse en buenos prospectos, pero tomará mucho tiempo para que tomen acción. Si pasamos nuestro limitado tiempo en el cotilleo con ellos, perderemos buenos prospectos que están listos para comenzar a trabajar ya.

¿Qué clase de respuestas escépticas podemos escuchar?

- "Bueno, depende de qué sea."
- "Bueno, no lo sé. Estoy muy ocupado."
- "Por supuesto que tengo mente abierta. Pero no quiero involucrarme en ningún negocio ni vender nada."
- "Seguro, tengo una mente abierta. Pero después de que termino mi trabajo, sólo quiero descansar."

¿Notas el patrón?

Sí, estas personas pueden ser buenos prospectos en el futuro. Pero ahora no es su mejor momento para unirse. Queremos que se unan cuando sea el momento correcto para ellos, no cuando sea el momento correcto para nosotros. Apreciarán nuestra empatía y comprensión.

Por ahora, no perderemos más de nuestro valioso tiempo. En lugar de eso, haremos seguimiento con ellos de tiempo en tiempo.

¿Quién sabe? Debido a que fuimos corteses y no avariciosos, cuando sea el momento correcto para ellos, nos buscarán.

¿Nos buscarán?

Sí. Si plantamos suficientes semillas, algunas de esas semillas germinarán y darán brotes por su cuenta. Nos contactarán, queriendo salir adelante cuando sea el momento correcto para ellos.

Hace algunos años, conocí a alguien en un taller de desarrollo personal. Después del taller, le expliqué brevemente cómo funciona nuestro negocio. ¿Su respuesta? "Muchos cambios están ocurriendo en mi vida ahora."

Tres años más tarde, recibo una llamada. La persona dice: –¿Hola? ¿Me recuerdas? Conversamos después del seminario de desarrollo personal y me mostraste tu negocio. Bien, ya estoy listo para comenzar. Resolví esa maraña de cosas en mi vida, conseguí un empleo, y lo detesto. ¿Podrías ayudarme a comenzar con tu negocio?–

¿Mi respuesta? –Claro.– Una palabra.

Si plantamos suficientes semillas, esto sucederá una y otra vez. Cuando no presionamos, nuestros prospectos se sentirán bien al contactarnos cuando sea el momento correcto para ellos. Lo peor que podemos hacer es presionar a las personas fuera de sus zonas de confort y obligarlos a unirse. Con nuestro limitado tiempo, queremos permitir que nuestros prospectos se ofrezcan como voluntarios.

Podemos trabajar con 1,000 voluntarios. Pero… sólo podemos arrastrar a un lánguido e inmotivado cuerpo con nosotros mientras tratamos de construir nuestro negocio. Trabajar con voluntarios es mucho mejor.

"¿Estás buscando hacer algo diferente, o estás bien quedándote donde estás?"

Estamos buscando el descontento.

Si las personas están cómodas donde están, no tendrán la motivación para cambiar. Para construir un negocio, requerimos de motivación e ímpetu. No tendremos un jefe, así que debemos empujarnos a nosotros mismos.

Esta pregunta hace que las personas piensen. Nunca se dieron cuenta de que estaban en un bache. Pero una vez que hacemos esta pregunta, lo reconsideran. Pueden pensar, "Hey, no tengo mucha paciencia para este empleo. Es tedioso, me gustaría hacer algo más interesante."

Hemos plantado una semilla.

Esta persona puede preguntar: –¿Qué tienes en mente? Sí, me interesa hacer algo diferente.– Este es el tipo de persona con la que buscamos hablar.

¿Pero qué tal si esta persona está indecisa? Dice: –Oh, no lo sé. Quizá. Pero estoy muy ocupado por el momento.–

Las buenas noticias son que hemos plantado una semilla. Esta semilla puede crecer durante semanas o meses. Pero no tenemos que pararnos ahí y mirar cómo crece la semilla. Podemos estar ocupándonos de encontrar más personas mientras esta semilla crece. Queremos pasar nuestro tiempo con personas que quieren comenzar… ahora.

¿Un ejemplo de personas que quieren comenzar ahora?

Mientras comía algo en un restaurante en Bélgica con mi amigo Jean-Phillipe Hulin, él le preguntó a nuestro camarero: –¿Estás buscando hacer algo diferente, o estás bien quedándote donde estás?–

De inmediato los ojos del camarero se iluminaron y respondió: –¡Por supuesto! Estaré trabajando horas extra hoy y acabo de enterarme.–

Le dijimos al camarero que podíamos conversar con él cuando saliera de trabajar. Confirmó con nosotros dos veces para asegurarse de que nos reuniéramos al terminar su día.

Eso califica como alguien que está ansioso por comenzar... ahora.

Busca personas con dos empleos.

Las personas no quieren dos trabajos. Ya tienen uno; agregar otro significa que no hay tiempo libre para ellos. No hay tiempo para la familia, no hay tiempo para amistades, no hay tiempo para ellos mismos.

¿Pero qué es lo que sabemos acerca de estas personas ocupadas? Sabemos que no quieren estar así de ocupados por el resto de sus vidas. La vida se hizo para vivir, no para trabajar un empleo durante nuestras horas despiertos.

Las personas con dos empleos tienen motivación. Quieren cambios. Y están dispuestos a trabajar duro para conseguir lo que desean. ¿Quieres pruebas? ¡Tienen dos empleos!

Las personas ocupadas pueden usar la objeción, "No tengo tiempo." Pero piensa en esto. Podemos mostrarles cómo construir su negocio en 15 minutos al día. Tendrán el tiempo.

¿Qué es lo que piensas que estos prospectos con dos empleos detestan más? ¿Trabajar dos empleos por el resto de sus vidas?

¿O acomodar 15 minutos en su día para poder construir un negocio, un negocio que podría ayudarles a eliminar uno o ambos de sus trabajos?

La mayoría de las personas elegiría acomodar 15 minutos de su día para salir de su vida de dos trabajos.

¿Qué le decimos a estas personas? "Sé que estás ocupado. Pero probablemente no quieres trabajar en dos empleos por el resto de tu vida. ¿Podemos hablar unos minutos para que mires una alternativa?"

Deberíamos medir su reacción. Si están muy cerrados o escépticos, eso podría significar dos cosas.

1. No confían en nosotros. (Necesitamos trabajar en mejorar nuestras habilidades.)

2. Ahora no es un buen momento para ellos. (Sí, pueden tener otras preocupaciones en este momento.)

Si nuestro prospecto tiene curiosidad y está emocionado, eso significa que nos hemos conectado. Asociaremos a un nuevo miembro del equipo, y esa persona puede mirar al futuro con al menos un trabajo menos.

Y como beneficio añadido, nos sentimos bien por que ayudamos a alguien a cambiar su vida.

Aproximándonos a personas que conocemos.

Tenemos afinidad y confianza con personas que ya conocemos. Ellos tienen experiencia con nosotros. Sin embargo, nos sentiremos culpables si estas personas piensan, "Oh, sólo estás tratando de sacar dinero conmigo."

Debido a que tenemos este sentimiento, actuamos vacilantes al aproximarnos con todos los que conocemos. Y, algunos de ellos sí son intimidantes. No tenemos idea de cómo aproximarnos sin un rechazo.

Para resolver esto, utilizaremos la fórmula 'cómo/incómodo'. Esto nos permite decirles que tenemos una oportunidad pero les da una ruta de escape para no sentirse atrapados. Aquí está en acción.

"Mary, estoy totalmente cómodo con tu decisión de mirar mi negocio o no. Pero me sentía incómodo al no preguntarte si querías dar una mirada, y hacerte pensar que no me importa."

¿Cómo se siente Mary cuando escucha esta invitación para escuchar sobre nuestro negocio? Se siente bien. Si tiene un interés, se siente honrada por que queríamos hablar con ella pronto. Si no tiene un interés, le dijimos que está bien si no quiere mirar. No se siente mal. No pusimos en riesgo nuestra amistad. No nos sentimos culpables. Y con esta fórmula, podemos aproximarnos a cualquiera.

Hagamos otro ejemplo.

"John, estaré escuchando una presentación online de negocio esta noche. Este es un negocio que tú también puedes hacer. Me siento cómodo si quieres acompañarme esta noche, o no. No hay problema. Sólo me sentía incómodo al no hacerte saber sobre este negocio."

¿Cómo se siente John? Bien. Tiene opciones. No lo juzgamos o a nuestra amistad basados en la opción que toma. Todo lo que hicimos fue ofrecerle una opción adicional para su vida.

¿Otro ejemplo?

"Hola, Linda. Me cansé de trabajar horas extra en mi trabajo por dinero extra, así que comencé un negocio de medio tiempo desde mi casa. Pensé que sería interesante también para ti. Me siento cómoda si quieres darle un vistazo, o no. Sólo me sentía incómoda al no decirte sobre esto."

Con esta técnica de cómodo/incómodo, sólo tomamos a los voluntarios.

Los voluntarios están listos para la acción. Si tenemos que obligar o presionar para obtener una cita, ¿cuál sería la señal para nosotros? Ya sea que nuestros prospectos están escépticos de nuestro acercamiento, o no es el momento correcto para ellos. Ambas situaciones extinguen demasiado de nuestro tiempo. No podemos costearlo por ahora. Después, tendremos más tiempo y podremos conectar con ellos entonces. Por ahora, queremos construir nuestro negocio rápido con nuestro tiempo limitado.

Nos gusta esta fórmula de cómodo/incómodo ya que va directo al punto rápidamente. No tendremos personas en espera en nuestra lista de llamadas "pendientes" por que no sabemos que decir. Sólo toma pocos minutos seleccionar a las personas que están interesadas.

LO QUE OCURRIÓ CON DAVE.

Dave vivía con miedo. Sí, llamar a sus amigos, familia, y compañeros de trabajo causaba que Dave tuviese:

- Palpitaciones cardíacas.
- Palmas sudorosas.
- Contracciones nerviosas.
- Vibraciones oculares.
- Y un fuerte deseo de mirar televisión envuelto en una cobija.

Pensar sobre hacer estas llamadas convertía a Dave en un desastre.

¿Y qué fue lo que hizo Dave? Practicó. No con una persona "en vivo," sino que practicó con el espejo de su habitación.

Primero, Dave practicó su escrito de cómodo/incómodo por dos minutos. Eso fue suficiente estrés por el primer día.

El segundo día, se sintió mejor y practicó durante tres minutos. No es un gran progreso, pero es progreso al fin.

¿Cuánto le tomó a Dave sentirse mejor con su escrito? Sólo tres días. Fue mágico.

¿Que sucede cuando practicamos frente al espejo?

- Hacemos contacto ocular con nosotros mismos.
- Cuando sonreímos, el espejo sonríe de regreso.
- El espejo nunca nos juzga.
- No pasa nada si tenemos que revisar nuestras notas.

Después del día tres, Dave se sintió mas confiado. Le pidió a su esposa una crítica constructiva. Dave se sentía más seguro con los comentarios de su esposa que al tratar de hecho usar el escrito.

Finalmente, después de unos pocos días, Dave pudo decir su escrito con confianza. Podemos sentir esta confianza en el tono de voz de Dave.

¿Tiempo total de superar el miedo de contactar a sus amigos, parientes, y compañeros de trabajo? Cinco días.

15 minutos al día pueden ayudarnos a conquistar nuestros miedos.

También podemos superar la dilación.

¿Dilación? Sí, todos posponemos tareas que son poco familiares o nos atemorizan. Pero unos pasos pequeños en pocos minutos al día pueden cambiar nuestras carreras. Hacemos que nuestra confianza crezca al movernos un paso a la vez.

No tenemos que prepararnos mentalmente para un maratón. Esto sólo es un sprint rápido. Toma menos de 15 minutos decir el escrito de cómodo/incómodo. Estos escritos fáciles de decir mantienen lejos al rechazo. Es más fácil ser valiente cuando no nos arriesgamos a un rechazo.

Así que salta y hazlo. Es como quitar un vendaje. No dudes. Sólo haz la llamada usando palabras libres de rechazo, y entonces termina. Logramos nuestra meta de la llamada de hoy y podemos continuar con nuestro día.

Entre más practiquemos, mejor lo haremos. Pronto, esto se hace fácil y automático.

¿Qué hay si tenemos más de 15 minutos?

¡Felicitaciones! Si tenemos más de 15 minutos al día para comprometernos con nuestro negocio, entonces deberíamos usar ese tiempo extra. Pero sé cauteloso. Cuando no estamos bajo la restricción de tiempo, se hace fácil desperdiciar ese tiempo adicional.

Tener sólo 15 minutos al día nos mantiene enfocados. Esto nos obliga a usar los escritos y técnicas más efectivas.

Mentalidad anti-miedo.

En Texas tenemos un dicho: "El perro sabe a quién morder." Los perros pueden sentir cuando somos amistosos pero tenemos la intención oculta de llevarlos al veterinario.

La mente subconsciente detecta micro-expresiones, el tono de voz, y las señales de lenguaje corporal más sutiles. Esto ayuda a nuestros prospectos a percibir la verdadera intención de alguien. Sí, nuestros prospectos pueden percibir nuestras intenciones.

Aquí hay algunas intenciones que nuestros prospectos podrían detectar en nosotros:

- Quiero venderte mi nuevo producto o servicio.
- Estoy siendo amigable contigo ahora para que pueda conseguir una cita para una presentación.
- Sólo necesito tres números de teléfono más para alcanzar mi meta de prospectos hoy.
- Esta es una amistad condicional que termina si no consigo una presentación.

Podríamos sentir que estamos ocultando nuestras intenciones, pero nuestras intenciones saldrán a flote. Sin embargo, hay otras mentalidades e intenciones que podemos tener. Aquí hay algunos ejemplos:

- La mayoría de los prospectos quieren lo que estamos ofreciendo. Quieren buena salud, piel bella, dinero extra, servicios geniales, y más.
- Le hacemos un favor a nuestros prospectos al dejarles saber que esto está disponible y a su alcance.
- Le ofrecemos esto a nuestros prospectos como "una opción más" en sus vidas.

Los prospectos aprecian las opciones extra en sus vidas. ¿Quién no? Podríamos ofrecer nuestra opción diciendo, "Esta es una opción más para tu vida. Puedes sacar ventaja de esta opción ahora, después, o nunca. Pero siempre tendrás esta opción extra."

¿Qué ocurre? Nuestro prospecto detecta nuestra intención, que es agregar una opción más para sus vidas. Esto nos ayuda a evitar el escepticismo y la falta de confianza que ocasiona que nuestro prospecto dude.

MÁS HABILIDADES DE PROSPECCIÓN.

Debemos enfocarnos en afirmaciones o preguntas simples, de rápida apertura. Queremos calificar a los prospectos de inmediato. Seguro, todos pueden convertirse en prospectos eventualmente, pero no hoy. Todo lo que tenemos son 15 minutos, así que queremos prospectos que estén listos para la acción. ¿Y cómo sabemos si alguien está listo para la acción? Le preguntamos. Y entonces tomamos a los voluntarios que quieran actuar ahora.

¿Y aquellos que no quieren moverse de inmediato? No nos sentimos rechazados. Comprendemos que no es su momento. Aceptamos que este momento puede no ser el momento perfecto para nuestros prospectos.

Aquí hay algunas frases de apertura para calificar y localizar más prospectos.

"Puede o no ser tu taza de té."

Cuando comencé en redes de mercadeo, los prospectos me rechazaban una y otra vez. Años más tarde, alguien me enseño la frase, "Puede o no ser tu taza de té."

Esta frase previene el rechazo, pero hace más. Clasifica a nuestros prospectos inmediatamente. No me di cuenta de ese beneficio en el momento, pero mirando atrás, hizo una enorme diferencia. Veamos la frase y cómo usarla.

Cuando presentamos nuestra oportunidad de negocio a un prospecto, aquí está lo que podemos decir:

"Señor Prospecto, este negocio puede o no ser su taza de té. Pero, ¿está abierto a mirar una opción de negocio parcial que podría agregar $500 al mes a su presupuesto familiar?"

¿Cuales son los beneficios de esta frase de apertura?

1. Le damos a nuestros prospectos "una salida" a nuestra propuesta. Es fácil para el prospecto decir, "No me interesa." No se sienten presionados, y nadie sale avergonzado.

2. Cuando decimos, "Puede o no ser tu taza de té," le dejamos saber a nuestros prospectos que no vamos a tratar de venderles un negocio. Simplemente presentaremos, y ellos pueden decidir por sí mismos. Esto remueve el miedo de nuestros prospectos. Esto también derriba el muro de la resistencia a las ventas.

3. Esta frase le señala a nuestros prospectos que estamos ofreciendo una opción más para sus vidas. ¿Quién no querría una opción más para sus vidas?

4. La curiosidad motivará a muchos prospectos a preguntarnos por más información.

5. Si nuestro prospecto dice "sí" a nuestra propuesta, ¿qué es lo que sabemos sobre estos prospectos? Primero, estos prospectos tienen mente abierta. Segundo, nuestros prospectos de hecho escucharán, por que no sienten que les estemos vendiendo o presionando. Y además, sabemos que tendremos

voluntarios. No tenemos tiempo para los escépticos. Sólo para voluntarios.

"¿Quieres hacer algo al respecto?"

Todos los días tenemos conversaciones. Esto es parte de la vida. Si somos buenos escuchas, podemos usar algo de este tiempo de conversación para construir nuestro negocio.

¿Cómo? Al escuchar los problemas de las otras personas. Cuando otras personas hablan, les encanta decirnos sobre los problemas y los enormes dramas en sus vidas. Nadie quiere sentirse miserable a solas.

Pero, ¿qué sabemos sobre los problemas de las otras personas? Sabemos que las personas aman resolver sus problemas. La mayoría de las personas no quiere continuar con sus problemas.

Si nuestro negocio o producto puede resolver los problemas de nuestros prospectos, debemos de saber si quieren resolverlos. ¿Cómo lo averiguamos?

Al hacerles la simple pregunta, "¿Te gustaría hacer algo al respecto?"

Todo lo que debemos de hacer es escuchar sus respuestas. En pocos segundos, sabremos si fomentar esta conversación será fructífero para nuestro negocio o no.

Aquí hay un ejemplo. Después de escuchar a una mujer mayor quejarse sobre sus dolencias, le pregunté, –¿Quieres hacer algo al respecto?–

Ella respondió: –Oh no. Mis niños me visitan mucho más cuando finjo que estoy enferma.–

Recuerdo mi asombro ante su respuesta. Supe que no era su momento para resolver su problema. Quería conservar su problema tanto como le fuese posible.

Esto me salvó de invertir más tiempo tratando de decidir si estaba lista para una solución.

Una manera más suave de decir esto es, "¿Alguna vez has considerado hacer algo al respecto?"

Las conversaciones en persona con prospectos son mejores.

Cuando hablamos con personas por teléfono, sólo escuchamos el tono de su voz.

Cuando hablamos con personas cara a cara, escuchamos el tono de sus voces, observamos sus micro-expresiones, y también podemos ver su lenguaje corporal. Hablar con la gente en persona es una mejor manera de comunicarse. Nuestros prospectos pueden participar en una conversación de dos vías.

¿Pero qué hay sobre los mensajes de texto?

Desafortunadamente, esta es una comunicación de una vía. Estamos hablándole **a** las personas, no **con** las personas. No recibimos el beneficio de escuchar sus voces, comprender sus intenciones, o ver su lenguaje corporal. Hacer negocio a través de la comunicación de una vía limita nuestro potencial.

"Pero sólo tengo 15 minutos al día."

Lo entendemos. Algunas veces sólo tenemos tiempo de enviar unos pocos mensajes de texto o por redes sociales. Con nuestro tiempo limitado, sólo podemos lograr ciertas cosas. Si debemos enviar un mensaje, vamos a asegurarnos de hacer lo mejor que podamos.

Si nuestra intención es obtener una cita de nuestro mensaje, vamos a crear un mensaje que motive a que los prospectos nos llamen. Aquí hay un ejemplo de un mensaje muy efectivo que podemos enviar.

"Tengo una buena historia. Te cuento cuando tengamos tiempo de ponernos al día y hablar."

Aquí está por qué el mensaje tiene una muy alta taza de respuesta.

#1. "Tengo una buena historia."

La mente humana no puede resistir una historia. Tenemos que saber qué historia es. Luego, tenemos que escuchar la historia hasta el final, por que no podemos seguir con la vida hasta saber cómo termina la historia. Esto garantiza que le hablemos al programa de curiosidad en la mente subconsciente. Ahora nuestro prospecto quiere tomar acción. Nota cómo **no decimos,** "Tengo una buena presentación de ventas." A los prospectos les gusta escuchar historias, no presentaciones de ventas.

#2. "Te cuento cuando tengamos tiempo de ponernos al día y hablar."

No queremos continuar enviado mensajes a nuestro prospecto. Queremos una conversación "en vivo." Nuestro prospecto solicitará una llamada, o nos llamará y ofrecerá vernos para comer, o al día siguiente para escuchar nuestra historia.

En los talleres en vivo, le pedimos a las personas que envíen este mensaje o uno similar. Un alto porcentaje de los participantes reciben un mensaje de vuelta solicitando una conversación. Es así de fácil. Y es fácil de hacer en un evento en vivo.

¿La siguiente pregunta obvia?

"¿Qué debería decir en mi historia?"

Nuestra historia debería lograr lo siguiente:

#1. Deberíamos de crear afinidad al instante. No queremos que nuestros prospectos sean escépticos. Necesitamos que nuestros prospectos confíen y crean en nosotros para que escuchen nuestro mensaje. Para hacer esto, debemos usar las palabras, "Bien, tú sabes cómo." Esto le dice al prospecto que ya saben y creen lo que vamos a decir a continuación. Esto también es conversación humana natural que no activa ninguna alarma contra vendedores.

#2. Describe un problema que nuestros prospectos tengan actualmente. Naturalmente esto traerá un acuerdo instantáneo. El propósito de los negocios es resolver los problemas de las personas. Debido a que nuestros prospectos quieren resolver sus problemas, quieren que continuemos con nuestra historia.

#3. A continuación, anunciaremos que hemos encontrado una solución al problema.

#4. Es momento de que nuestro prospecto tome una decisión. Nuestros prospectos normalmente dirían, "¿Cómo funciona eso?" Eso nos indica que su respuesta es "sí" a aceptar nuestra solución al problema. Es correcto, nuestros prospectos toman una decisión mental de "sí" incluso antes de que sepan cuál es esa solución. A partir de este punto, es fácil proveer unos pocos detalles. Nuestros prospectos están pre-vendidos.

Aquí hay algunos pocos ejemplos de esta técnica. Usaremos "Bien, tú sabes cómo..." para introducir un problema conocido, y luego completar la pequeña historia.

Para oportunidad.

"Bien, tú sabes cómo transportarnos al trabajo toma demasiado tiempo. Acabo de encontrar cómo podemos trabajar desde nuestra casa, y seguir ganando un ingreso de tiempo completo."

"Bien, tú sabes cómo las cosas se ponen más caras cada año. Encontré cómo podemos ganar un cheque extra cada mes para ayudarnos."

"Bien, tú sabes cómo nos llegan todas esas facturas de las tarjetas de crédito después de las vacaciones. Encontré cómo podemos tener dinero extra para pagar todas esas cuentas."

"Bien, tú sabes cómo es muy duro salir adelante financieramente con un trabajo. Encontré cómo podemos ganar un cheque extra para poder tener dinero para invertir en nuestro futuro."

"Bien, tú sabes cómo los trabajos nos estorban en la semana. Acabo de encontrar cómo podemos tener fines de semana de tres días en lugar de dos."

Para productos y servicios.

"Bien, tú sabes cómo odiamos poner químicos dentro de las bocas de nuestros niños dos veces al día cuando cepillan sus dientes. Encontré una pasta dental natural para niños que nos hace sentirnos bien cada vez que lavan sus dientes."

"Bien, tú sabes cómo es duro perder peso, especialmente en las vacaciones. Encontré como podemos comenzar a tener forma y perder peso en menos de nueve días."

"Bien, tú sabes cómo algunas ocasiones nos da dolor de estómago después de comer comida hindú muy condimentada tarde por la noche. Encontré un jugo especial que ayuda a aliviar esa sensación de incendio."

"Bien, tú sabes cómo odiamos acostarnos en la cama de noche escuchando cómo se arruga nuestra piel. Encontré una crema humectante especial que lo previene."

"Bien, tú sabes cómo algunas veces nos sentimos cansados por las tardes. Encontré una bebida energética natural que nos da energía durante todo el día."

"Bien, tú sabes cómo crecer realmente duele. Comencé un programa de nutrición que me hace sentir como que tengo 16 de nuevo, pero con mejor juicio."

"Bien, tú sabes cómo recibimos una factura de electricidad cada mes. Encontré cómo podemos hacer que nos salga gratis."

"Bien, tú sabes cómo no tenemos tiempo de ejercitarnos y estar en forma. Encontré un desayuno saludable que podemos tomar a diario que nos ayuda a eso."

"Bien, tú sabes cómo no nos gusta el sabor a cloro en el agua de beber. Instalé un filtro de agua portátil en mi casa, y ahora no tengo que comprar agua embotellada."

"Bien, tú sabes cómo tenemos que ir de compras siempre. Encontré cómo podemos obtener dinero extra cada vez que hagamos las compras."

Si decimos cosas mejores, obtenemos mejores resultados.

Si tenemos que enviar un mensaje de texto, usemos los ejemplos de arriba o algo similar para obtener citas para conversaciones en persona. Tratar de vender con comunicación de una vía, textos y mensajes, es muy, muy difícil.

Como vemos en esos ejemplos, no es difícil obtener una cita. El siguiente paso es estar seguros de que nuestra historia y presentación sean cortas, efectivas y al punto. Nadie quiere una historia larga, y que no lleva a ninguna parte.

PROSPECCIÓN Y CIERRES EN SEGUNDOS.

Hace algunos capítulos comenzamos a hablar sobre prospección. Reconocimos nuestra restricción de tiempo de 15 minutos. ¿Qué significa eso para nosotros? Significa:

#1. Queremos saber si las personas con quienes hablamos están interesadas o no.

#2. Queremos hablar con personas que están listas para tomar acción.

Aquí hay otra manera de revisar el interés y obtener acción.

Pequeñas preguntas.

Si no estás familiarizado ya con la técnica de las pequeñas preguntas, aquí está cómo funciona.

La única razón para que un negocio exista es resolver los problemas de las personas. Si las personas no tuviesen la necesidad de viajar, ser dueño de una aerolínea sería absurdo. Si vivimos en el trópico, vender abrigos sería estúpido. No hay razón para que exista un negocio a menos que pueda resolver los problemas de las personas.

Con esto en mente, nuestro primer paso es revisar si las personas tienen un problema. Esto debería ser con una pequeña pregunta no invasiva. Esto nos ayuda a verificar que nuestros prospectos tienen un problema que podemos resolver.

Aquí hay algunos ejemplos de pequeñas preguntas:

"¿Encuentras que las cosas son más caras ahora?"

"¿Detestas conducir al trabajo?"

"¿Encuentras que los trabajos interfieren con nuestra semana?"

"¿No quieres trabajar 45 años como tus padres?"

"¿Necesitas más tiempo libre para la familia?"

Estas son preguntas de apertura fáciles que no deberían espantar a nuestros prospectos.

¿Pero qué hay de nuestros productos y servicios?

También podemos crear pequeñas preguntas sobre nuestros productos y servicios. Aquí hay algunos ejemplos:

"¿Te gusta cuidar bien a tu piel?"

"¿Encuentras difícil hacer dietas?"

"¿Te gusta viajar?"

"¿Recibes una factura eléctrica?"

"¿Alguna vez te has sentido cansado durante la tarde?"

"¿Encuentras que las rutinas de maquillaje son un cansancio?"

"¿Detestas pagar esa costosa factura del teléfono móvil?"

De nuevo, estas preguntas son seguras en la mayoría de los ambientes.

Ahora sabemos que nuestros prospectos tienen un interés. ¿Ahora qué?

Nuestra segunda pregunta cerrará a nuestros prospectos. Queremos saber de inmediato si nuestros prospectos quieren resolver su problema ahora.

Para conseguir este compromiso, queremos colocar nuestra segunda pregunta bajo la mayor luz positiva. Así que, comenzaremos nuestra segunda pregunta con la secuencia de palabras probadas, "¿Estaría bien si...?"

Aquí hay algunos ejemplos de usar estas palabras en una pregunta de cierre. Usaremos los ejemplos previos y mostraremos las dos preguntas juntas:

***

"¿Encuentras que las cosas son más caras ahora?"

"¿Estaría bien si tuvieras un cheque extra para ayudarte?"

***

"¿Detestas conducir al trabajo?"

"¿Estaría bien si pudieras trabajar desde tu casa?"

***

"¿Encuentras que los trabajos interfieren con nuestra semana?"

"¿Estaría bien si pudieras tener tu propio negocio para fijar tus propios horarios?"

***

"¿No quieres trabajar 45 años como tus padres?"

"¿Estaría bien si probaras una carrera diferente?"

***

"¿Necesitas más tiempo libre para la familia?"

"¿Estaría bien si tuvieras un negocio de medio tiempo para que no tuvieras que ir a ese trabajo?"

¿Y para productos y servicios?

"¿Te gusta cuidar bien a tu piel?"

"¿Estaría bien si pruebas nuestro nuevo régimen por cinco días?"

***

"¿Encuentras difícil hacer dietas?"

"¿Estaría bien si pudieras perder peso una vez, y mantenerte así por siempre?"

***

"¿Te gusta viajar?"

"¿Estaría bien si pudieras tomar vacaciones de lujo por el precio de una habitación de hotel?"

***

"¿Recibes una factura eléctrica?"

"¿Estaría bien si fuera más barata?"

***

"¿Alguna vez te has sentido cansado durante la tarde?"

"¿Estaría bien si tuvieses energía durante todo el día?"

***

"¿Encuentras que las rutinas de maquillaje son un cansancio?"

"¿Estaría bien si en vez de eso pruebas nuestro sistema de cuatro minutos?"

***

"¿Detestas pagar esa costosa factura del teléfono móvil?"

"¿Estaría bien si tu teléfono móvil fuese gratis?"

***

Cada par de preguntas tomó menos de 10 segundos. Encontramos si nuestros prospectos tienen un problema. Luego encontramos si quieren tomar acción y resolver su problema ya.

Rápido. Fácil. Y podríamos hacer esto varias veces por día. Debido a que sólo nos toma pocos segundos, podríamos encajar esto dentro de los pequeños espacios de tiempo que todos tenemos durante el día.

¿Podemos mejorar esto?

Sí. En lugar de sólo hablar sobre resolver sus problemas, podemos ayudarles a tomar acción ya. Todo lo que debemos de hacer es, después de nuestras primeras dos frases, sugerir un siguiente paso.

¿Cuál podría ser ese siguiente paso?

- Abrir una cuenta.
- Registrar su orden mensual recurrente.
- Fijar una cita para asistir a la reunión semanal de oportunidad.
- Hacer una llamada de tres vías con nuestro patrocinador.
- Preguntar si quieren ver una presentación detallada.

El siguiente paso es la acción. Esto hace que salgamos adelante con nuestro negocio… ya.

Aquí hay algunos ejemplos.

★★★

"¿Encuentras que las cosas son más caras ahora?"

"¿Estaría bien si tuvieras un cheque extra para ayudarte?"

"Hoy, después de trabajar, pasaré por tu casa y te contaré toda la historia. Dos cheques son mucho mejores que uno."

***

"¿Detestas conducir al trabajo?"

"¿Estaría bien si pudieras trabajar desde tu casa?"

"Llamaré a mi patrocinador y arreglaré un momento para que podamos tomar un café juntos, y él te mostrará el plan de escape."

***

"¿Encuentras que los trabajos interfieren con nuestra semana?"

"¿Estaría bien si pudieras tener tu propio negocio para fijar tus propios horarios?"

"Acompáñame a un entrenamiento de negocio esta noche, para que puedas comenzar en tu propio negocio, donde tú pones los horarios."

***

"¿No quieres trabajar 45 años como tus padres?"

"¿Estaría bien si probaras una carrera diferente?"

"Ven conmigo a nuestra reunión esta noche y ve cuántas personas se sienten como tú."

***

"¿Necesitas más tiempo libre para la familia?"

"¿Estaría bien si tuvieras un negocio de medio tiempo para que no tuvieras que ir a ese trabajo?"

"Puedes trabajar en el mismo negocio de medio tiempo que yo tengo. Yo te ayudaré y nos aseguraremos de que funcione para ti."

¿Y para productos y servicios?

"¿Te gusta cuidar bien a tu piel?"

"¿Estaría bien si pruebas nuestro nuevo régimen por cinco días?"

"Te daré uno ahora mismo si prometes usarlo y decirme tus resultados dentro de cinco días."

***

"¿Encuentras difícil hacer dietas?"

"¿Estaría bien si pudieras perder peso una vez, y mantenerte así por siempre?"

"Toma tu computadora. Vamos a ordenar tu desayuno de malteadas saludables para que sea entregado a tu puerta cada mes."

***

"¿Te gusta viajar?"

"¿Estaría bien si pudieras tomar vacaciones de lujo por el precio de una habitación de hotel?"

"Entremos a internet y vamos a registrarte como viajero inteligente de inmediato."

***

"¿Recibes una factura eléctrica?"

"¿Estaría bien si fuera más barata?"

"Entra a internet ahora y vamos a asegurarnos de que recibas una tarifa más barata."

***

"¿Alguna vez te has sentido cansado durante la tarde?"

"¿Estaría bien si tuvieses energía durante todo el día?"

"Vamos a ordenar una caja de esta bebida energética natural, para que te sientas genial todo el mes."

***

"¿Encuentras que las rutinas de maquillaje son un cansancio?"

"¿Estaría bien si en vez de eso pruebas nuestro sistema de cuatro minutos?"

"Te mostraré cómo usarlo cuando llegues a tu casa esta noche."

***

"¿Detestas pagar esa costosa factura del teléfono móvil?"

"¿Estaría bien si tu teléfono móvil fuese gratis?"

"Tomemos un descanso del trabajo ahora y te mostraré cómo funciona."

✱✱✱

"Pero... no tengo que dar un largo discurso de venta primero?"

No.

Los prospectos no necesitan datos e información para saber si quieren algo. Los datos y la información vienen después de que deciden que quieren lo que estamos ofreciendo.

Aquí está nuestra oportunidad de ser amables. Encontremos si quieren lo que estamos ofreciendo, y si desean tomar acción sobre ello. Si lo hacen, entonces podemos mencionar datos e información. Pero hablar de datos e información primero, es ir en reversa. Nuestros prospectos estarán preguntándose, "¿Por qué estoy perdiendo tiempo escuchando todo esto? No estoy siquiera seguro si esto es algo que me interesa o quiero."

Es por eso que queremos que nuestros prospectos tomen una decisión de "sí" antes de los datos y antes de la información.

Recuerda, la mayoría de nuestros prospectos ya quiere lo que tenemos. Quieren los beneficios que ofrecemos. Para ellos, su única cuestión es el tiempo. La segunda pregunta busca encontrar si el tiempo es el correcto para ellos o no.

¿El tiempo?

Sí, el tiempo. No queremos presionar o poner nuestras intenciones primero.

Piensa en el tiempo de esta manera. Tres o cuatro veces por día nos da hambre. ¿El resto del tiempo? No. No tenemos hambre. No es el momento.

Sólo nos toma segundos revisar si el momento es el correcto o no para nuestros prospectos. Les preguntamos, "¿Estaría bien si…? Y escuchamos sus respuestas.

UNA MANERA DIVERTIDA DE CREAR LAZOS CON PROSPECTOS NUEVOS.

La mayoría de las personas toman una pausa para el café dos veces por día. Pero, ¿quién hizo la regla de que tenemos que tomar nuestro café exclusivamente con nuestros compañeros y amigos?

En lugar de eso, pensemos fuera de la caja.

Nuestra buena amiga, Amanda Maynard, creó una idea llamada "Teavolution." ¿Qué es Teavolution?

Es una pausa virtual para el café. Tenemos oportunidad de conversar en video con alguien durante nuestro descanso para el café. Esto abre muchas posibilidades.

¿Conociste a alguien en redes sociales? Podemos profundizar la relación al invitarlos a un break virtual para tomar el café con nosotros. Por los próximos 15 minutos podemos conversar y construir una mejor relación.

Esto abre un mundo nuevo de amigos potenciales, prospectos, y eventualmente, miembros de equipo. Por ejemplo, imagina que estamos en el negocio del cuidado del cutis. Podemos encontrar compañeros potenciales para pausas virtuales de café en grupos de redes sociales que discuten sobre el cuidado del cutis.

Si representamos servicios de viaje, encontraremos grupos de entusiastas de los viajes.

Aún mejor, podemos encontrar prospectos que son emprendedores o quieren ser emprendedores. Es divertido tener una pausa virtual para el café con personas que tienen intereses similares.

Si somos como la mayoría de las personas, disfrutamos relajarnos con un café o un té. Ahora tenemos una oportunidad de conocer a dos personas a diario en una manera más profunda. Debido a la atmósfera relajada, es mucho más fácil construir una amistad.

Ésta es una de varias formas en las que podemos insertar más tiempo para nuestro negocio dentro de nuestros días.

"AQUÍ ESTÁ LA HISTORIA CORTA."

¿Presentaciones largas, tediosas y detalladas? No son para nosotros. No tenemos tanto tiempo.

Antes de invertir tiempo en presentaciones detalladas, queremos asegurarnos de que nuestros prospectos están ansiosos por unirse. Una manera simple de hacerlo es darle a nuestros prospectos un resumen antes de comenzar nuestra presentación regular. ¿Cómo podemos hacerlo?

Decimos a nuestros prospectos: –Aquí está la historia corta.– Luego, insertamos tres o cuatro de nuestros mejores beneficios. Ahora, observamos las reacciones de nuestros prospectos.

Para algunos prospectos, esto será la presentación que necesitan. Para otros prospectos, comenzarán a hacer preguntas interminables. En este caso, podemos agendar su sesión de preguntas y respuestas para después, cuando dispongamos de más tiempo.

¿Quieres algunos ejemplos de insertar nuestro mensaje dentro de una historia corta?

"Aquí está la historia corta. Cada mes recibimos una factura eléctrica. Ahora puede ser más chica. Así tendremos más dinero para el cine y diversiones."

"Aquí está la historia corta. Podemos trabajar en un empleo de medio tiempo por el resto de nuestras vidas. O, podemos comenzar un negocio de medio tiempo y hacerlo crecer a un ingreso de tiempo completo. Entonces, no tendremos que ir a trabajar nunca más."

"Aquí está la historia corta. El aire desértico en nuestra ciudad puede hacer que nuestra piel luzca como pasa. Nuestro nuevo humectante mantiene la hidratación en nuestra piel para que luzca más joven y saludable. Ahora podemos vivir sin arrugas por otros 15 años."

"Aquí está la historia corta. Perdemos dos horas todos los días conduciendo de ida y vuelta al trabajo. Esto nos cuesta mucho tiempo. Nuestra oportunidad nos permite trabajar desde nuestra casa. Ahora podemos tener más tiempo para nosotros y ser más felices."

"Aquí está la historia corta. Eres cuidadoso con tu salud. Ya consumes vitaminas. Estas vitaminas funcionan mejor."

"Aquí está la historia corta. Todas tus dietas, hambruna, comidas chistosas, y ejercicios tienen a tu cuerpo donde está ahora. Invierte en nuestro producto para que puedas perder peso una vez y no recuperarlo nunca."

¿Por qué esto funciona tan bien?

A las personas les encanta comprar. Detestan que alguien les venda.

Piensa sobre cómo las personas compran. Debido a que les fascina comprar, compran cosas hasta quedar en quiebra. Luego, consiguen tarjetas de crédito para poder comprar aún más cosas. Comprar cosas es divertido.

¿Qué odian las personas?

Que un vendedor les hable **a** ellos con una presentación de ventas. Quieren escapar de ahí.

¿Quieres ver un ejemplo de un vendedor hablándole **a** un prospecto?

Vamos a una gran tienda departamental para comprar una pantalla de televisión. El vendedor nos dice: –¡Silencio! Sentado. Déjame contarte sobre lo fabulosas que son nuestras pantallas durante los próximos 45 minutos. Ganamos varios premios. El fundador de nuestra compañía era un genio a los 3 años. Algunos actores famosos nos dieron sus comentarios. Tengo algunos videos para mostrarte también. Guarda tus preguntas hasta el final ya que podría cubrirlas durante mi presentación.–

¿Así es cómo nos gusta comprar? No. Lo odiamos.

Aquí está cómo nos gusta comprar. Vamos a esa enorme tienda departamental para comprar nuestra pantalla. Todo lo que queremos saber es cuánto cuesta la pantalla, y si la podemos llevar a casa con nosotros hoy.

Queremos la historia corta primero. Luego, si sentimos la necesidad, podemos pedir más detalles.

Si así es como nos gusta comprar, ¿por qué no ofrecer la misma experiencia a nuestros prospectos?

Por qué deberíamos de tener una genial historia corta.

Esto le proporciona una mejor experiencia de compra a nuestros prospectos. Y, esta técnica es el antídoto para prospectos negativos.

Imagina que nuestro prospecto negativo dice: –Pienso que esto es una pirámide. No me agradas y no te creo. Este tipo de cosas nunca funcionan.– ¿Sientes la negatividad?

Nuestros prospectos a menudo piensan, "No quiero escuchar ni una de esas largas presentaciones de venta. Déjame pensar en cualquier excusa posible para detener la conversación ahora. No me importa qué tan bueno pueda ser el beneficio, odio perder mi tiempo con esas largas presentaciones de venta."

Sí, la mayoría de las objeciones son peticiones de nuestros prospectos para evitar una larga presentación de ventas. Pero cuando nosotros decimos, "Aquí está la historia corta," nuestros prospectos se relajan. Saben que esto sólo tomará unos pocos segundos. Esta afirmación convierte a nuestros prospectos negativos en escuchas atentos. Y eso es justo. Queremos que nuestros prospectos escuchen nuestro mensaje, y luego decidan si nuestro mensaje les sirve o no.

Aquí hay algunas otras historias cortas.

"Aquí está la historia corta. Nos encanta salir de viaje y tomar vacaciones. Nuestro negocio de viajes nos da la habilidad de viajar a precios de mayoreo. Nuestras próximas vacaciones familiares serán inolvidables. Además, a todos les gusta ahorrar dinero."

"Aquí está la historia corta. Con nuestro filtro de agua de lujo, no tendrás que comprar agua embotellada en la tienda. Y con nuestro plan de financiamiento, terminas ahorrando dinero por que no tendrás que pagar por agua embotellada jamás."

"Aquí está la historia corta. Tú y yo no nos estamos haciendo más jóvenes. Nuestro retiro se acerca. Nuestra cuenta de banco no nos podrá alcanzar a tiempo. Necesitamos más dinero para nuestro retiro. Así es cómo podemos hacerlo."

"Aquí está la historia corta. Nuestros hijos sólo son jóvenes una vez. Queremos pasar ese precioso tiempo con ellos. No podemos hacerlo si estamos en una oficina. Con nuestro negocio, podemos trabajar desde nuestra casa y estar con los niños."

"Aquí está la historia corta. Es difícil hacerse rico mientras tenemos un empleo. Necesitamos un negocio. Puedes comenzar este negocio a tiempo parcial, sin arriesgar tu trabajo. ¿Cómo suena eso?"

"Aquí está la historia corta. Queremos ayudar al medio ambiente, pero no tenemos tiempo. Aquí hay una manera en la que podemos ayudar. Simplemente cambia los productos de limpieza tóxicos a estos productos de limpieza naturales."

Aquí hay más noticias buenas. Nuestras historias cortas le ayudan a los miembros de nuestro equipo inmediatamente. En sólo unos pocos minutos, ellos pueden compartir una historia corta para interesar a sus prospectos iniciales.

PRE-CONDICIONA A NUESTROS PROSPECTOS.

Queremos que nuestros prospectos estén alerta de nuestros productos y oportunidad antes de que presentemos nuestras soluciones. Entonces no nos sentiremos extraños cuando traigamos nuestro negocio a la conversación. Pero, ¿cómo pre-condicionamos a nuestros prospectos?

Usando redes sociales.

¿Publicar fotos de nuestros maravillosos productos desde ángulos diferentes? Sí, ya sabemos que ese es el enfoque equivocado. Las redes sociales son para conectarnos. A los humanos les encanta conversar y compartir sus opiniones. Démosles una oportunidad de compartir su opinión.

Imagina que compartimos esto en redes sociales:

El test de cuatro preguntas para el cuidado del cutis.

1. ¿A qué edad comienzan las arrugas en la piel?

2. ¿Cuál es la primer área del cuerpo que presenta arrugas?

3. ¿Las arrugas son reversibles?

4. ¿Qué es mejor para lavar nuestro rostro, agua fría o caliente?

Ahora le dimos a nuestras conexiones sociales una oportunidad de compartir sus opiniones y participar en la conversación. La mayoría querrá saber las respuestas correctas. Muchos estarán gustosos de compartir sus opiniones. ¿Pero en qué están pensando todos ellos? Cuidados del cutis. Esto es pre-condicionar a nuestros prospectos antes de nuestra conversación.

Pre-condicionar en conversaciones cara a cara.

En un capítulo previo, pre-condicionamos a nuestros prospectos al plantar semillas. Nuestras preguntas y frases para "plantar semillas" provocaron que varios de nuestros prospectos comenzara una conversación inmediata.

Como regla general, las preguntas son mejores que las afirmaciones. Cuando hacemos preguntas, nuestros prospectos pueden participar inmediatamente en la conversación. A las personas les gusta hablar. Deberíamos darles una oportunidad.

Pero hay otra manera de pre-condicionar a nuestros prospectos. Podemos contarles nuestra historia personal, o la historia de uno de nuestros clientes satisfechos o miembros del equipo. Las historias cortas se quedan en la mente de nuestros prospectos. Debido a que las historias son fáciles de recordar, nuestra siguiente conversación con este prospecto será más fácil. Aquí hay un ejemplo de una historia para pre-condicionar prospectos.

"Yo era terrible para dormir. Algunas noches giraba en la cama y me sentía fatal al día siguiente. Ahora quedo dormido a los tres minutos de que mi cabeza toca mi almohada. Las mañanas son mucho mejores ahora."

Ya sea que nuestro prospecto reaccione instantáneamente o no, nuestro prospecto recordará esta historia que lo pre-condiciona. Y después de algunas noches sin descanso, nuestro prospecto nos recordará. Ahora cuando este prospecto venga con nosotros, no sólo estará pre-condicionado, sino que a menudo estará listo para comprar o unirse.

Con sólo 15 minutos al día, no podemos ser ineficientes ni usar conversaciones aleatorias. Nuestro tiempo de prospección debe de incluir conversaciones con propósito y palabras probadas.

UNA ESTRATEGIA DE 15 MINUTOS PARA HACER SEGUIMIENTO CON PROSPECTOS.

¿Tenemos miedo al teléfono? ¿Alguno de estos pensamientos te suena familiar?

- No sé qué decir.
- ¿Qué tal si preguntan algo y no sé la respuesta?
- ¿Qué hay si son groseros?
- ¿Qué tal si llamo mientras está cenando?
- ¿Cómo comienzo la conversación?
- Si mi primer llamada de seguimiento sale mal, ¿me sentiré rechazado?
- ¿Están interesados de verdad?

Y este miedo empeora.

Cuando sí hacemos llamadas para dar seguimiento a nuestros prospectos, ¿qué ocurre?

- Nadie contesta.
- Nadie regresa nuestras llamadas.

¿Por qué ocurre esto?

Si nuestro teléfono suena, puede que no contestemos por que estamos ocupados. Podríamos estar conduciendo, trabajando, comiendo, o no estar de humor para hablar. Algunas personas no pueden ni reconocer su propio timbre del teléfono móvil. Y estos días, la mayoría de las personas prefiere recibir un mensaje de texto.

Sí, los días de contestar cada llamada telefónica son historia.

Una rápida solución.

Si nuestro miedo nos paraliza, veamos una solución más fácil.

En lugar de hacer una llamada telefónica, enviaremos un mensaje de texto. Un mensaje de texto sólo toma un poco tiempo. Además no hay rechazo. Hacer seguimiento no tiene que quitarnos grandes lapsos de tiempo de nuestras vidas.

El secreto para un grandioso mensaje de seguimiento es lo que decimos en nuestro mensaje. Aquí hay un ejemplo de un mensaje de seguimiento genial.

"Yo sé que no te interesa, pero si sabes de alguien que odie conducir al trabajo, ¿podrías recomendarme con ellos?"

Este corto mensaje tiene tres partes.

Parte #1. La retirada.

Cuando decimos, "Yo sé que no te interesa," esto quita la presión de nuestro prospecto. No más alarma contra vendedores, no más escepticismo ni negatividad. Nuestro prospecto se siente aliviado por que no tratamos de venderle o presionarlo con nuestra solución.

Cuando retiramos algo, muchas veces las personas lo quieren más. Esta frase de apertura a menudo motiva a nuestro prospecto a pensar, "¡Hey, espera! No he dicho que no estoy interesado. Y, ¿sabes qué? Tal vez sí estoy interesado. Esta oportunidad de la que hablas puede ser perfecta para mí."

Todos tienen este programa de retirada en sus mentes.

Cuando nuestra madre nos decía: –No puedes entrar a esa habitación.– ¿a qué habitación queríamos entrar desesperadamente? Sí, queremos lo que no podemos tener. Es parte de la naturaleza humana.

No hay oportunidad de rechazo cuando comenzamos con, "Yo sé que no te interesa."

Parte #2. El beneficio.

A los prospectos no les importa lo que hace nuestro producto o servicio. Sólo les importan los beneficios que nuestros productos o servicios les pueden dar. La segunda parte de nuestro mensaje debe recordarles de los grandes beneficios de nuestra oportunidad, producto o servicio. Aquí hay algunos ejemplos de beneficios de diferentes productos y servicios:

- Electricidad: bajo precio.
- Productos dietéticos: perder peso sin cocinar alimentos especiales por nuestra cuenta.
- Cuidado del cutis: lucir jóvenes, más radiantes. Mantenernos sin arrugas durante más tiempo.

- Bebidas energéticas: sentirnos animados y positivos durante todo el día.
- Viajes: vacaciones de cinco estrellas por el precio de un cuarto de hotel económico.

Aquí hay algunos ejemplos de los beneficios de nuestra oportunidad:

- Ingreso mensual: esto podría significar pagar por los obsequios de las vacaciones con efectivo en lugar de una tarjeta de crédito. O pagar más rápido una deuda. O posiblemente tener suficiente dinero para despedir al jefe.
- Nuestro propio negocio: los beneficios podrían incluir no más tiempo para traslados, más tiempo con la familia, o fijar nuestros propios horarios.
- Ganar viajes gratis: mucho mejor que pagar por nuestras propias vacaciones.

Parte #3. Referidos.

¿Por qué pedir referidos? Para ahorrar tiempo.

La mayoría de las personas conocen por lo menos 200 personas. No queremos hablar con todos los 200 contactos. Muchos no están calificados, y la mayoría puede que no esté lista para tomar acción ahora. De 200 contactos, por lo menos cinco contactos podrían estar listos, deseosos y capaces de salir adelante con nuestro negocio inmediatamente. Queremos pasar nuestro tiempo con ellos.

Cuando pedimos referidos, nuestros prospectos mentalmente revisan su lista de 200 conocidos. Luego, pueden ayudarnos a dirigirnos con los mejores posibles prospectos.

Y puede resultar que los mejores prospectos… ¡son los que hacen las referencias! Sí, nuestros prospectos pueden cambiar de opinión después de ver nuestros beneficios.

¿Cuál es un mal escenario? No recibimos respuesta ni referidos. ¿Cuál es un buen escenario? Recibimos referidos.

¿Cuál es el peor escenario? Nuestros prospectos originales nos dicen que quieren comprar o unirse.

Ahora todo junto.

¿Recuerdas nuestro mensaje original?

"Yo sé que no te interesa, pero si sabes de alguien que odie conducir al trabajo, ¿podrías recomendarme con ellos?"

¿Podemos ver claramente los tres componentes de nuestro mensaje?

1. La retirada.

2. El beneficio.

3. Pedir referidos.

Ahora, vamos a construir algunos ejemplos usando esta simple fórmula.

Electricidad: "Yo sé que no te interesa, pero si sabes de alguien que quiera que su factura eléctrica sea más barata, ¿podrías recomendarme con ellos por favor?"

Malteadas para dieta: "Yo sé que no te interesa, ¿pero sabes de alguien que quiera perder peso sin preocuparse por cocinar

73

el desayuno? Si conoces a alguien que podría estar interesado, ¿podrías recomendarme con ellos?"

Cuidado del cutis: "Yo sé que no te interesa, pero si sabes de alguien que quiere reducir sus arrugas en una semana, ¿podrías recomendarme con ellos?"

Fajas corporales: "Yo sé que no te interesa, ¿pero sabes de alguien que quiere eliminar la celulitis? ¿Podrías recomendarme con ellos?"

Productos para el estrés: "Yo sé que no te interesa, pero si sabes de alguien que quiera reducir el estrés naturalmente, ¿podrías por favor recomendarme con ellos?"

Viajes: "Yo sé que no te interesa, pero si sabes de alguien que quiera tomar vacaciones de cinco estrellas por el precio de unas vacaciones regulares, ¿podrías por favor decirles sobre mí?"

Bebidas energéticas: "Yo sé que no te interesa, pero si sabes de alguien que quiera librarse de los bostezos por la tarde, ¿podrías recomendarme con ellos?"

Oportunidad de negocio: "Yo sé que no te interesa, pero si sabes de alguien que quiera librarse de su empleo, ¿podrías por favor recomendarme con ellos?" O, "Yo sé que no te interesa, pero si sabes de alguien que odie conducir al trabajo, ¿podrías recomendarme con él o ella?" O tal vez, "Yo sé que no te interesa, pero si sabes de alguien que quiera un cheque extra cada semana, ¿podrías recomendarme con ellos por favor?"

Bonificaciones de auto: "Yo sé que no te interesa, pero si sabes de alguien que ya no quiera hacer los pagos de su coche, ¿podrías recomendarme con ellos?"

Ingreso para la jubilación: "Yo sé que no te interesa, pero si sabes de alguien que quiera duplicar su pensión en sólo nueve meses, ¿podrías por favor recomendarme con ellos?" O, "Yo sé que no te interesa, pero si sabes de alguien que quiera jubilarse hasta cinco años antes, ¿podrías pedirle que me contacte?"

Producto nuevo: "Yo sé que no te interesa, pero ayer introdujimos un producto nuevo que le ayuda a las personas a dormir por la noche. Si sabes de alguien que tenga problemas del sueño, ¿podrías por favor recomendarme con ellos?"

Incentivo nuevo: "Yo sé que no te interesa, pero recientemente anunciamos un nuevo incentivo donde las personas pueden ganar $800 en los primeros 30 días. Si sabes de alguien que pudiera usar ese dinero, ¿podrías decirle que me contacte, por favor?"

¿Obtendremos respuestas de inmediato?

Tal vez. Tal vez no. No sabemos si el momento es el correcto para nuestro prospecto. Pero, ¿cuánto nos toma usar este corto guión de seguimiento? Menos de un minuto. Sí, podemos copiar y pegar este mensaje y concluir con nuestras responsabilidades de seguimiento en cuestión de minutos.

Aquí hay una manera más de reducir nuestro tiempo de seguimiento con los prospectos.

Bob Paterson nos da este consejo: "En lugar de vender, resuelve."

Vender puede significar presentar datos, mostrar videos, y contar la historia de nuestra compañía. Demasiada información sobre la cual pensar. Pero considera el resolver problemas. Si ofrecemos una opción para resolver los problemas de nuestros prospectos, la decisión es fácil. Nuestros prospectos pueden decidir:

1. Si quieren resolver sus problemas al tomar nuestra opción.

2. O, si quieren continuar con sus vidas "como están" y seguir con sus problemas.

Bob dice: –Esta decisión de resolver el problema no necesita de 12 exposiciones y 20 llamadas de seguimiento.–

PLANTAR SEMILLAS.

No toma mucho plantar una semilla. Pero, toma mucho tiempo ver una semilla crecer. No tenemos tiempo de mirar cómo crecen nuestras semillas. Sin embargo, tenemos tiempo de plantar semillas a donde sea que vayamos.

Cuando plantamos semillas, algunas crecen, algunas entran en hibernación y algunas simplemente mueren. Con nuestro tiempo limitado, nos concentraremos sólo en aquellas semillas que crecen. Esto significa que plantaremos las semillas hoy, pero no cosecharemos los frutos hasta mucho después. Una vez que sabemos que este proceso toma algo de tiempo, no estaremos ansiosos mirando fijamente a nuestras semillas durante meses.

Por qué plantamos semillas.

Piensa en la persona promedio que conocemos. ¿Esta persona está en un frenesí y busca desesperadamente una oportunidad de negocio? No. Es más probable que esta persona esté pensando en qué mirar por televisión durante la noche.

Tomará un poco de tiempo cambiar la mentalidad de esta persona. Esto no será una conversación de una ocasión.

Nuestra estrategia de 15 minutos al día será plantar la semilla de "quiero más" dentro de la vida de alguien, y dejar que esa semilla crezca. Podemos regresar después, y nuestro prospecto estará pensando sobre un cambio en su vida. Nuestro prospecto ahora le da la bienvenida a nuestro mensaje con una mente más abierta.

El primer paso hacia la motivación es… la insatisfacción.

No todos a quienes conocemos están listos para convertirse en clientes o iniciar con su propio negocio.

Si nuestros prospectos no están satisfechos con su situación actual, nuestro trabajo es ayudarlos a que quieran más. Es fácil para los prospectos caer en la rutina. Terminan haciendo las mismas cosas una y otra vez mientras sus vidas lentamente se escapan entre sus dedos.

Si esta es su intención, genial. Si no lo es, entonces plantar una semilla podría ayudarles a cambiar sus vidas.

Pero, ¿cómo hacemos que nuestros prospectos reconozcan su insatisfacción? ¿Cómo podemos inspirar a nuestros prospectos para que hagan algo sobre su insatisfacción actual?

Fácil. Usa esta pregunta para comenzar el proceso.

"¿Estás de acuerdo con…?"

Una de nuestras preguntas favoritas es, "¿Estás de acuerdo con…?" Esta pregunta hace que los prospectos piensen en las consecuencias de permanecer donde están. Si no están felices donde están, esta pregunta los estimula a despertar y querer tomar acción.

¿Quieres algunos ejemplos de usar esta pregunta en conversaciones?

"¿Estás de acuerdo con conducir y luchar contra el tráfico todos los días?"

"¿Estás de acuerdo con todo el tiempo que nuestro empleo nos roba cada semana?"

"¿Estás de acuerdo con cuánto dinero nos queda al final del mes después de pagar todas nuestras cuentas?"

"¿Estás de acuerdo con sólo dos semanas de vacaciones cada año?"

"¿Estás de acuerdo con tener que pedir a tu jefe un aumento cada año?"

"¿Estás de acuerdo con el tiempo que tienes para estar con tus hijos?"

"¿Estás de acuerdo con trabajar tiempo completo hasta que tengas 67 años?"

"¿Estás de acuerdo con tu salario actual?"

"¿Estás de acuerdo con pasar tus vacaciones en el departamento de la suegra con sus 32 gatos?" (Bueno, un poco exagerado.)

"¿Estás de acuerdo con hacer los pagos del coche cada mes, en lugar de tener a alguien que los haga por ti?"

"¿Estás de acuerdo con pagar por las vacaciones familiares, cuando podrías conseguir esas vacaciones gratis como premio?"

No tenemos que limitar esta pregunta a nuestra oportunidad de negocio. Podríamos usar esta pregunta de apertura para nuestros productos, servicios, y otros beneficios de nuestra compañía. Aquí tienes algunos ejemplos.

"¿Estás de acuerdo con luchar contra tu peso por el resto de tu vida?"

"¿Estás de acuerdo con que las líneas finas y arrugas aparezcan antes de tiempo?"

"¿Estás de acuerdo con sentirte agotado todas las tardes?"

"¿Estás de acuerdo con tener que pagar tu factura de electricidad completa, en lugar de recibir un descuento?"

"¿Estás de acuerdo con pagar costosos productos para el cutis que no funcionan?"

"¿Estás de acuerdo con ir de compras y no recibir un reembolso en efectivo?"

"¿Estás de acuerdo con sentirte más viejo de lo que eres?"

Debido a que esto es una pregunta, nuestros prospectos deben detenerse y pensar. Ahora deben tomar una decisión para mantener sus vidas igual, o buscar un cambio en sus vidas al sacar ventaja de nuestra solución.

¿Cuál es el tema común de hacer estas preguntas?

Las personas toman decisiones primero, y luego conocen los detalles. Debemos conseguir la decisión de "sí" de nuestros prospectos **antes** de que perdamos tiempo con detalles interminables. Por ejemplo:

Digamos que queremos conseguir nuestra licencia de conductor. ¿Sabemos cómo conducir un auto? Todavía no. ¿Sabemos cuáles son los reglamentos de tránsito? Todavía no.

La primera decisión que debemos de tomar es si queremos obtener nuestra licencia de manejo o no. Una vez que tomamos esa decisión, podemos comenzar a conocer los detalles.

Imagina que queremos convertirnos en médico. ¿Sabemos cómo operar? No. ¿Sabemos las contraindicaciones de las recetas más comunes? No. ¿Hemos llenado el formato de inscripción para la escuela de medicina? No.

La primera decisión que debemos de tomar es si queremos convertirnos en médico o no. Una vez que tomamos la decisión de salir adelante en la escuela de medicina, podemos comenzar a concentrarnos en los detalles. No tenemos que saberlo todo antes de hacer nuestra inscripción a la escuela de medicina.

Aquí hay un ejemplo más. Imagina que me invitas a un concierto. Todo lo que quieres saber es si quiero ir contigo o no. Si comienzo a hacer demasiadas preguntas detalladas, sentirías que estás perdiendo el tiempo. Por ejemplo, te pregunto,

"¿Cuánto costarán las bebidas?"

"Cuéntame más sobre el estacionamiento, ¿habrá que caminar mucho?"

"¿Sabes quién estará sentado a nuestro alrededor en ese concierto?"

Antes de que comiences a responder todas esas interminables preguntas, querrías saber si pretendo asistir al concierto contigo o no. Es lo mismo para nuestro negocio de redes de mercadeo. Con sólo 15 minutos para invertir al día, queremos saber primero la decisión de nuestro prospecto.

Las personas toman decisiones primero, y luego pueden conocer los detalles.

Ahora que comprendemos que las personas toman sus decisiones primero, no estaremos desperdiciando tiempo con detalles interminables hasta que obtengamos la decisión inicial de "sí." Enfocaremos nuestros esfuerzos en conseguir esa decisión inicial.

¿Qué tal si estamos hablando con un prospecto que insiste primero en conocer detalles interminables? En ese caso, podemos convertir la conversación y enfocarnos en la decisión inicial al hacer esta pregunta, "¿Estás buscando iniciar un negocio ahora? ¿O estás en la fase de recolectar información?"

Esta simple pregunta ayuda a que nuestro prospecto vea la imagen completa, la decisión inicial de querer un negocio o no.

Vamos a plantar más semillas de prospección.

PLANTA SEMILLAS EN TODAS PARTES.

¿Por qué en todas partes? Por que si plantamos suficientes semillas, algunas crecerán por su cuenta. No tendremos que pasar tiempo cuidando esas semillas para que maduren.

Con sólo 15 minutos al día, podemos plantar muchas semillas. Cuidar semillas toma tiempo. Es tiempo del cual no disponemos aún.

Veamos algunos lugares para plantar semillas ahora, para que después tengamos una gran cosecha.

Fiestas navideñas.

Qué lugar tan genial para conversar con personas. Las fiestas navideñas traen ánimos y actitudes positivas para el año que viene. Durante las conversaciones con prospectos podríamos decir esto:

"Este año estuvo bien. Tengo planes de hacer que el próximo sea mucho mejor. ¿Qué hay de ti?"

¿Qué pensarán nuestros prospectos?

Si el momento es el correcto para nuestros prospectos, ofrecerán su interés como voluntarios diciendo, "Sí, quiero que el próximo año sea mejor también. Cuéntame sobre tus planes."

Esta conversación entera tomó menos de un minuto. Ahora tenemos prospectos interesados pidiéndonos una presentación.

¿Cuáles son nuestras opciones cuando nuestros prospectos nos piden más información? Vamos a nombrar algunos:

- Acordar una cita para reunirnos más tarde.
- Realizar una llamada de tres vías con nuestro patrocinador.
- Hacer una invitación a una junta de oportunidad.
- Enviar a nuestros prospectos a un sitio web.
- Dar una rápida presentación de un minuto.
- Hacer más preguntas a nuestros prospectos para medir su nivel de interés.
- Dar a nuestros prospectos un paquete de información.

Sí, tenemos muchas opciones dependiendo de la situación. Las buenas noticias son que la parte más difícil ha terminado. Hemos localizado algunos prospectos, y nos están pidiendo una presentación.

En una conversación con un dependiente o mientras pagamos en la caja registradora.

Mientras hablamos con el dependiente, decimos casualmente: –Salir adelante con sólo un cheque es casi imposible estos días. Yo sigo trabajando en mi plan. Espero que tú tengas un plan genial."

¿Qué estará pensando el empleado? "Yo no tengo un plan. Necesito un plan. Más vale que comience a pensar por que mi único cheque no me alcanza para mucho."

La semilla ha sido plantada. Ahora podemos hacer seguimiento con el dependiente de tiempo en tiempo para ver cómo está creciendo la semilla.

En una conversación con alguien que se jubilará pronto.

Todos eventualmente envejecen. El pago de la pensión es una preocupación grande para muchas personas.

Nosotros podemos plantar una semilla al decir, "Las pensiones no pagan lo suficiente. Así que estoy trabajando en un plan para duplicar la mía. A propósito, ¿cuál es el plan para incrementar tu pensión?"

Esto obliga a nuestro prospecto a pensar, "Sí, tienes razón. La jubilación llegará. No tengo un plan para incrementar mi pensión. Tal vez debería de preguntarte sobre tu plan."

Y ahora hemos plantado la semilla.

Nuestro prospecto podría preguntarnos sobre nuestro plan ahora, en un futuro próximo o nunca. Pero si plantamos suficientes semillas, algunas crecerán.

Está bien, ahora conocemos la técnica, pero vayamos más allá.

En el siguiente capítulo, llevaremos esta técnica a nuestros empleos. Ilustraremos cómo decir unas pocas palabras puede plantar nuestras semillas, y a menudo incluso crear prospectos a la carta.

CONVERSACIONES EN LA CAFETERA DE LA OFICINA.

Plantar semillas es una de las cosas más eficientes que podemos hacer con nuestro tiempo limitado. Si plantamos suficientes semillas, muchas madurarán y serán prospectos calientes con poco o ningún esfuerzo hecho por nuestra parte. Simplemente trabajamos con los voluntarios.

¿Qué es lo que hacen las personas durante sus descansos para el café en la oficina? Hablan. Y cuando las personas hablan, a menudo se quejan. Mencionan los problemas en sus vidas. Y sí, algunas personas tienen más problemas que otros.

¿Todos nuestros compañeros se quejan? Por supuesto que no. Algunos aman sus trabajos- su actual carrera es lo que siempre quisieron hacer. Pero estos compañeros son la minoría. La mayoría de los compañeros quieren más tiempo con sus familias o menos tiempo en el tráfico.

Un simple comentario durante estas conversaciones puede plantar semillas en las mentes de nuestros compañeros. No tenemos que vender. No tenemos que convencerlos. Y, no hay rechazo debido a que sólo estamos haciendo un comentario. Si nuestros compañeros no se ofrecen o responden, acepta que el vampiro chupa-sangre del jefe ya los convirtió en zombies humanos esperando la muerte.

Está bien, un poco crudo y exagerado. Pero algunas personas sólo existen y nunca piensan sobre tomar acción para hacer algo diferente.

Aquí hay algunos ejemplos de afirmaciones que harán pensar a nuestros compañeros. Las buenas noticias son que entre más piensen, más buscarán por soluciones a sus problemas.

Plantar las semillas de la insatisfacción.

"¿Sabías que no estamos tan viejos aún? ¿Piensas que tengamos oportunidad de hacer algo más que esto antes de morir?"

"Lo bueno que nuestro trabajo está garantizado. Nos garantizan que nunca seremos ricos trabajando aquí."

"No me puedo ver haciendo esto por siempre. Estoy en busca de un plan de escape ahora. ¿Qué hay de ti?"

"Este trabajo ha sido un inicio genial a mi carrera, pero no quiero que se detenga aquí. Planeo hacer mucho más. ¿Qué hay de ustedes?"

"Si trabajamos extra-duro, nuestro jefe recibe un bono más grande. ¿Quieres escuchar mi plan?"

"Mi sueño en la vida es definitivamente más grande que este trabajo. ¿Qué hay de ti?"

"Si los jefes ganan más dinero, ¿por qué no nos convertimos en nuestro jefe?"

"Estaba pensando esta mañana. No hay mucho que vaya a cambiar en mi situación laboral, a menos que haga algo al respecto. Ya tengo un plan. ¿Qué hay de ti?"

"Después de trabajar todo el mes, y pagar mis cuentas, tengo $100 de sobra. Dime, ¿Tú piensas que trabajar un mes entero en esta oficina vale $100?"

"Tengo curiosidad. ¿Qué es más importante para ti, el dinero o la libertad de hacer lo que quieras?"

"Si pudiéramos poner nuestros horarios de trabajo, ¿cómo lo harías tú?"

"Pensé para mí mismo esta mañana, este empleo no puede ser mi plan a largo plazo. Tiene que haber más en la vida. ¿Tú que piensas?"

"Tú sabes, nada arruina un fin de semana más que un lunes por la mañana. ¿Qué haríamos con fines de semana de cuatro días?"

"Estoy trabajando horas extras para poder hacer los pagos del coche para poder venir a trabajar. ¿Y tú?"

"Gas, servicio del coche, pagos del coche. Me está saliendo en una fortuna venir a trabajar aquí. Pronto no podré costearlo y tendré que trabajar desde mi casa."

"No creo que quiera este trabajo por el resto de mi vida. Voy a hacer más. ¿Qué hay de ti?"

"Esta semana luce exactamente como la semana pasada, y la pasada, y la pasada. No puedo verme haciendo esto por 1,000 semanas más en la misma rutina. Voy a hacer un cambio. ¿Qué hay de ustedes?"

"Por curiosidad. ¿Si no tuvieses que venir aquí a trabajar todos los días, qué estarías haciendo?"

"Yo sé que tenemos un mejor futuro. No estaremos aquí por el resto de nuestras vidas. ¿Tienes algunos planes?"

"Todos los días pierdo dos horas de mi vida conduciendo a este trabajo. Esas horas se pierden para siempre. ¿Cómo te sientes de perder todas esas horas?"

"¿Viste las prestaciones aquí en la oficina? Nos dan una semana extra de vacaciones por cada diez años de empleo. ¡En unos 500 años no vamos a tener que venir a trabajar! Por fin tendremos tiempo para nosotros."

"He escuchado que las celdas de las prisiones son más grandes que mi cubículo. Sólo 21 años más para mi liberación. ¿A ti por cuánto te metieron?"

¿Qué tal vamos hasta ahora?

Sí, plantar muchas semillas es fácil. Sin rechazo. Esperamos a que algunas pocas semillas germinen y digan, "¡Hey! Vamos a platicar." Es divertido cuando le hablamos a prospectos que están listos para nuestra oferta.

Pero, ¿podemos ser más creativos?

¡Totalmente!

Vamos a crear más frases y preguntas.

"Cuando hice solicitud para este trabajo, esperaba y rezaba por salir elegido. ¿Y ahora que tengo este trabajo? Estoy esperando y rezando por un trabajo diferente."

"Sólo veo a mis hijos una hora cada día de la semana. Gracias al cielo por los fines de semana cuando paso algo de tiempo de calidad con ellos."

"Cuando apliqué para este empleo, estaba emocionado por una nueva carrera. Ahora que estoy aquí, creo que simplemente me conformaré con un cheque. ¿Qué hay de ti?"

"Tú sabes, esta taza de café sabría mucho mejor en casa. ¿Qué hay de ti? ¿El café de los fines de semana también te sabe mejor?"

"Traté de hacer una lista de razones por las que amo mi trabajo. Todavía no tengo nada. ¿Tienes alguna sugerencia?"

"Me encanta el coffee break. Estoy pensando en una nueva carrera donde tenga cinco coffee break al día hablando con personas diferentes. ¿Crees que estoy calificado?"

"Este nuevo horario me está matando. Estoy agotado de usar una alarma para empezar el día. ¿Tú cómo vas?"

"Veía personas en el centro comercial hoy durante la comida. Y… ¡no tuvieron que ir de regreso a su oficina a la 1:00 pm! ¿Tú qué crees que hagan?"

"¿Tú crees que queremos hacer esto para siempre? ¿Qué más podremos hacer?"

"Mi plan es comenzar un pequeño negocio, ganar suficiente dinero para que sólo tenga que venir a trabajar cuatro días por semana. ¡Fines de semana de tres días por siempre!"

"Ya sé que no quieres trabajar aquí por el resto de tu vida tampoco. ¿Cuáles son tus planes para escapar?"

"Seguir aquí en nuestro trabajo hasta morir, y no cambiar nada, es un plan. No siento que sea un buen plan para mí. ¿Ustedes qué tal?"

"Me encantaría borrar la app del despertador en mi teléfono. ¿A ti no?"

"Nuestro jefe es un motivador grandioso. Me inspira a mejorarme a mí mismo y comenzar mi propio negocio. ¿Qué hay de ti?"

"Tengo un nuevo plan. Dejaré que este cheque pague por todos mis gastos. Luego usaré mi segundo cheque para vacaciones y experiencias de diversión para mi familia."

"Todas las mañanas me estoy quejando por venir a esta oficina. Entonces se me ocurrió que si no me gusta estar encerrado aquí, debería de conducir a cualquier otro lugar por la mañana."

"Nuestro plan de pensión no será suficiente para vivir. Estoy trabajando en un plan para hacerlo crecer. ¿Qué hay de ustedes?"

"Si somos tan listos, ¿por qué nuestro jefe gana el doble que nosotros? Quizá es mejor ser jefes de nuestro propio negocio. ¿Tú qué piensas?"

"Si nos pagaran el doble, ¿qué harías con el dinero extra?"

"Escuché que un sólo cigarrillo acorta la vida dos horas. Peor aún, una botella de whisky acorta la vida tres horas. ¿Sabes qué es lo peor? Este trabajo. ¡Cada día aquí acorta nuestras vidas ocho horas!"

"Cualquier relación entre este trabajo y salir adelante financieramente es plena coincidencia. No está funcionando para mí. ¿Qué hay de ti?"

"Ví a mis hijos brevemente la semana pasada. Se ven más grandes. ¿Qué hay de ti, ves a tus hijos a menudo?"

"Cuando me gradué de la escuela, no imaginaba así mi vida. ¿Qué hay de ti? ¿En qué sueñas?"

"Este trabajo paga mis cuentas. Voy a iniciar algo de medio tiempo, para poder salir adelante. ¿Qué hay de ti?"

"Yo pienso que hay más por hacer en la vida que trabajar 40 horas cada semana para hacer rico al jefe. ¿Qué piensas tú?"

"Piensas que tendremos 85 años, estaremos parados aquí, bebiendo café en las mismas tazas sin lavar? ¿Cuánto más deberíamos de seguir aquí?"

"Estoy pensando en rendirme por completo y resignarme a trabajar aquí hasta que muera. ¿Tú qué piensas?"

"Hey vamos a trabajar horas dobles, para que el jefe se gane otro bono."

"Todos preferirían estar en su casa en lugar de en esta oficina. ¿Qué piensas que podríamos hacer para que eso pase?"

"Solicitamos este trabajo, y nos lo dieron. ¿Crees que deberíamos estar solicitando algo más, algo mejor?"

"Paso una hora de camino a la oficina, y otra hora de regreso a casa. Esas son diez horas por semana que se van de mi vida! ¿Qué pasaría si tuviésemos carreras para trabajar desde nuestras casas?"

"Estaba pensando en comenzar mi propio negocio, para sólo tener que trabajar aquí tres días. ¿Qué piensas?"

"Imagina qué sería de la vida con fines de semana de cinco días en lugar de los normales de dos días."

"Quiero jubilarme pronto, y ya tengo un plan. ¿Cuál es tu plan para retirarte joven?"

"Tuve un sueño anoche donde estaba trabajando desde mi casa. ¿Qué piensas que significa ese sueño?"

"Mi familia me necesita y me quieren en casa. Estuve pensando, ¿a quién amo más? ¿Al trabajo o a mi familia? ¿Qué piensas que debo hacer?"

"¿Piensas que este trabajo sea la cosa más importante en nuestras vidas?"

Plantemos semillas, tomemos a los voluntarios.

¿Suficientes ejemplos? ¿Encontramos por lo menos unos pocos que serían apropiados para prospectos dentro de nuestros mercados? ¿Tenemos algunos pocos comentarios de apertura que se sientan bien para encajar con nuestra personalidad?

Con un poco de imaginación, podríamos construir una librería entera de estos comentarios que plantan semillas y provocan pensamientos. ¿Lo mejor sobre estas frases y preguntas? Sólo toma unos diez segundos plantar esa semilla.

Una vez que la semilla se ha plantado, dejaremos que la naturaleza tome su curso. Muchas semillas yacen dormidas y eventualmente mueren. Pero unas pocas germinarán y madurarán inmediatamente durante nuestra conversación. ¡Estas son las personas con quienes queremos hablar durante nuestros limitados 15 minutos al día!

Plantar semillas es divertido.

Una vez que nos enfocamos en plantar semillas, y dejamos de preocuparnos por que toda semilla individual crezca, experimentaremos un sentimiento de liberación. No estaremos apegados al desenlace de cada semilla.

Los prospectos detectarán que no sentimos desesperación. Ellos notarán que sólo queremos a los voluntarios cuando sea el mejor momento para los voluntarios. Esto nos hace más atractivos ante los prospectos.

Las personas quieren asociarse con personas seguras. Las personas se alejan de las personas que piensan que todos tienen que entrar en su negocio o comprar su producto.

¡Pero apenas comenzamos!

En el capítulo siguiente, crearemos aún más preguntas y frases para plantar aún más semillas.

ENTRE MÁS SEMILLAS PLANTAMOS, MÁS GRANDE NUESTRA COSECHA.

¿Por qué limitar nuestras preguntas y comentarios? Entre más opciones tengamos, más personas podemos impactar. No todos tienen que responder al beneficio o problema.

Entre más herramientas tenemos en nuestra caja de herramientas, más rápido seremos capaces de construir un negocio. Aquí hay más preguntas y comentarios que podemos utilizar en nuestros 15 minutos asignados al día.

¡Pensemos creativamente!

Más comentarios y preguntas divertidas para plantar semillas.

"Mis hijos me preguntaron ayer, 'Si tanto detestas ese trabajo, ¿por qué vas para allá tanto?'"

"Estaba tan desanimado ayer. Pensé en rendirme y pasar el resto de mi vida aquí. Pero hoy, me siento mejor. Estoy trabajando en un plan de escape."

"Tengo un plan. Ganar $500 extras con un negocio de medio tiempo, invertir en acciones, y soltar este empleo en 5 años. ¿Qué piensas?"

"¿Dónde crees que estarás este mismo día el año próximo?"

"Si continuamos mirándonos unos a otros dentro de 30 días, eso significa que no hemos hecho nada para salir de esta rutina."

"Estamos en una rutina. No queremos hacer esto hasta morir. ¿Cuál es tu plan?"

"¿Qué pasaría si creamos un plan para librarnos de este trabajo y escapar de esta oficina?"

"Luce como que quieren hacernos trabajar de 9 a 5 todos los días por el resto de la vida. ¿Qué piensas del plan?"

"¿No piensas que es momento de ser nuestro propio jefe en lugar de trabajar para otros?"

"¿Qué edad tendrás cuando finalmente te jubiles? Estaba pensando que tal vez estaremos muy viejos para disfrutar del retiro. ¿Qué piensas?"

"Cuánto más pagas de tu bolsa cada semana para ir a trabajar?"

"Tu sabes, no encuentro gran alegría y satisfacción en mi empleo aquí. Pero, sí disfruto los fines de semana. ¿Cómo te sientes tú?"

"Todos los días es lo mismo. Alarma, tráfico, oficina, tráfico. Estoy listo para probar algo diferente. ¿Qué hay de ti?"

"Tengo curiosidad. Si realmente, realmente odiamos este trabajo, ¿entonces por qué no estamos tratando más duro para encontrar una salida?"

"No sé tú, pero yo no quiero estar aquí el resto de mi vida. Voy a tomar un café el sábado con alguien que dejó su trabajo y comenzó su propio negocio. Obviamente, él sabe algo que nosotros no. ¿Quieres acompañarme?"

"Si nos pagaran lo que valemos, ¿cuánto crees que eso sería?"

"Mi plan original para salir de este trabajo y hacerme rico no está funcionando de la manera que pensé que lo haría. ¿Qué hay de ti?"

"Si te pagaran lo que vales, ¿qué estarías haciendo con todo ese dinero extra?"

"Si mi negocio de medio tiempo sigue creciendo, estoy pensando en cortar a cuatro días por semana aquí."

"Si encuentro una manera de escapar de este empleo, quieres escapar conmigo?"

"Sientes que están sacando pequeños pedacitos de nuestros cerebros cada día?"

"¿No es una vergüenza que el coffee break sea la mejor parte de nuestro día?"

¿Quieres más ejemplos?

"Estoy usando este trabajo como fondo para comenzar mi propio negocio. Espero estar fuera de aquí en menos de un año. Tú en qué plan estás trabajando?"

"Luce como si la única forma de escapar de este trabajo es morir más pronto."

"¿Cómo esta funcionando tu fondo para el retiro? Yo renuncié a tratar de ahorrar lo suficiente y estoy trabajando en otro plan."

"Sólo 30 años más de este aburrido trabajo hasta el retiro. ¿Deberíamos de aguantar? ¿Qué piensan?"

"Estoy recolectando ideas sobre cómo jubilarse pronto. ¿Tienes alguna?"

"Si algún día vamos a ganar más dinero que nuestro jefe, entonces no podemos estar aquí."

"Esta mañana encontré que tengo otros 5,339 días más de sentarme en el tráfico, esperando ir a la oficina, y esperando regresar a casa. Quiero hacer algo diferente con mi vida. ¿Qué hay de ti?"

"Es el comienzo de un nuevo año. No planeo seguir aquí al final del año. ¿Qué hay de ti?"

"Bien, aquí estamos, atorados en el mismo lugar que el año pasado. ¿Qué vamos a hacer diferente el próximo año para no terminar aquí de nuevo?"

"¿Cuántos días más tu piensas que tenemos que trabajar aquí, antes de hacer algo para cambiar nuestras vidas?"

"Es casi imposible pasarlo con un cheque y los precios de estos días. ¿Qué estás haciendo por tu cheque extra?"

"Tú sabes, parece ser que hay muchas personas que van de compras y al golf mientras nosotros estamos metidos en esta oficina. ¿Quienes son esas personas?"

"Tú sabes, la mayoría de los pilotos de aerolíneas tienen negocios de medio tiempo. ¿Adivinas por qué?"

"¿No deberíamos estar haciendo algo mejor con nuestras vidas en lugar de beber este café tan malo y trabajar, trabajar, trabajar?"

"Me levanté esta mañana pensando en que tengo 27 años más aquí antes de que pueda retirarme."

"Cometí un error. Pensé que este trabajo me haría exitoso y que tendría más dinero. ¿Qué hay de ti?"

"¿No serían las cosas mucho más emocionantes si tuviésemos nuestro propio negocio?"

"¿Cómo sería tu vida si le vendieras tu despertador a tu vecino, y pudieras despertar en la mañana a la hora que quieras?"

"Bien, esto del empleo no está funcionando. Cinco días por semana, y apenas paga las cuentas. Necesito un nuevo plan. ¿Tú qué tal?"

"Me siento como psíquico. Nos veo parados aquí, en nuestro mismo lugar, dentro de un año… a menos que hagamos algo al respecto."

"¿Cuánto dinero tenemos que ganar para pagar cero impuestos como los ricos? Apuesto a que tenemos que tener nuestro propio negocio."

"Si no tuviésemos esta ancla del trabajo en el cuello, podríamos estar en casa ahora mismo. ¿Qué estarías haciendo en casa?"

"¿También estás cansado de dejar la casa en la mañana cuando está oscuro, y regresar a casa en la noche cuando está oscuro?"

"¿Qué crees que el dueño de este negocio sepa que nosotros no?"

"Mal café, mal trabajo, mala paga. Puedo pensar en tres razones para comenzar nuestro propio negocio. ¿Qué hay de ti?"

"Hay dos clases de personas en el mundo. Aquellos con mente abierta y en busca de oportunidad, y quienes tienen la mente cerrada y están dispuestos a aceptar lo que sea que su jefe les de. Yo decidí unirme al grupo de los de mente abierta. ¿Tú qué piensas?"

"Tengo buenas noticias y malas noticias. Las malas noticias son que trabajamos aquí. Pero las buenas noticias son que podemos escapar. ¿Qué opinas?"

"Trabajar aquí lentamente está drenando nuestra vida. Tú sabes, tal vez tú y yo deberíamos comenzar un negocio juntos."

"Todos sabemos que los empleos no nos harán ricos. ¿Cuál es tu plan para derrotar al sistema?"

"No quiero pasar un día más aquí de lo que tengo, y tengo un plan. ¿Quieres escucharlo?"

"Perdí 23 horas con las Olimpiadas de Invierno y no me pagaron por ello. De ahora en adelante, tomaré mejores decisiones sobre cómo pasar mi tiempo, para que me paguen por ello."

"Si fueras tu propio jefe, ¿qué horario preferirías trabajar?"

"Tú sabes, si trabajamos realmente duro, y tal vez con tiempo extra gratis, ¿Crees que nuestro jefe sea capaz de ganar otro aumento?"

Todavía no encuentras las palabras perfectas para tus compañeros? Hagamos más.

"¿Qué tan larga es tu sentencia aquí? ¿Cuándo nos dan tiempo para nosotros?"

"¿Cómo te sentiste esta mañana cuando sonó la alarma? Sólo piensa, sólo tenemos que hacer esto 7,137 veces más antes de jubilarnos…"

"Mi cheque de mi negocio de medio tiempo de este mes fue más grande que las prestaciones anuales de aquí. Yo pienso que tomaré mi negocio de medio tiempo más en serio ahora."

"Me pregunto quién hizo la regla: 5 días para el jefe, y sólo 2 días para nosotros."

"Tal vez reciba un aumento este año, o me gane la lotería. Misma probabilidad. ¿Cómo está saliendo lo de tu aumento?"

"Podemos pararnos aquí y quejarnos sobre nuestros empleos en cada descanso, pero yo tengo un nuevo plan. ¿Quieren escucharlo?"

"Mover papeles de un lado del escritorio al otro no es muy satisfactorio. Si debo de trabajar, quiero una carrera con propósito. ¿Qué hay de ti?"

"Tú sabes, yo prefiero estar sentado afuera, disfrutando el día en algún café lindo… en lugar de beber este café barato y regresar a trabajar en 5 minutos. ¿Qué dices tú?"

¿Suficiente?

¡Uf! Y esto es sólo un ejemplo de lo que podríamos decir en el trabajo durante el descanso con el café.

Piensa en todas las demás partes en las que podríamos plantar semillas. Aquí hay algunas:

Reuniones familiares.

Reuniones de ex-alumnos.

Barbacoas con amigos.

Conversando con empleados.

Visitando a los amigos.

Hablando con personal de servicio.

Eventos de la escuela de nuestros hijos.

Eventos deportivos.

Mientras viajamos.

Haciendo largas filas.

Viajes de compras.

Las posibilidades son interminables.

No tenemos tiempo para hacer campañas de patrocinio masivas. No podemos estar en la cháchara por meses para construir relaciones a largo plazo. No tenemos tiempo de hacer llamadas en frío durante horas. Sólo tenemos 15 minutos al día. Apenas tenemos tiempo de plantar semillas y tomar a los voluntarios. Pero plantar semillas toma casi nada de tiempo de nuestro día. Podemos plantar semillas a donde sea que vamos.

Esa es una buena noticia.

TENEMOS OPCIONES.

Cada día recibimos 1,440 minutos. Sí, esos son muchos minutos.

Elegiremos usar esos 15 minutos para construir un negocio sólido en redes de mercadeo?

Las decisiones que tomamos hoy moldean los resultados del mañana. Considera qué ocurriría si decidimos invertir 15 minutos al día en:

- Prospectar una persona más por día.
- Enviar un nuevo mensaje privado por día.
- Entregar un generador de prospectos.
- Pedir una referencia de una persona más.
- Hacer seguimiento con una persona por día.
- Entregar una muestra más.
- Hacer una pregunta a una persona más.

Estas actividades, con el tiempo, construyen fuertes negocios en redes de mercadeo.

Los atajos y estrategias en este libro pueden trabajar para nosotros... si los usamos.

AGRADECIMIENTO.

Muchas gracias por adquirir y leer este libro. Espero que hayas encontrado algunas ideas que trabajen para ti.

Antes de que te vayas, ¿estaría bien si te pedimos un favor? ¿Tomarías sólo un minuto y dejarías una frase o dos sobre tu opinión de este libro en línea? Tu opinión puede ayudar a otros a elegir lo que quieren leer a continuación. Sería muy apreciada por muchos otros lectores.

Viajo por el mundo más de 240 días al año.
Envíame un correo si quisieras que hiciera
un taller "en vivo" en tu área.

→ BigAlSeminars.com ←

¡OBSEQUIO GRATIS!

¡Descarga ya tu libro gratuito!

Perfecto para nuevos distribuidores. Perfecto para
distribuidores actuales que quieren aprender más.

→ BigAlBooks.com/freespanish ←

Otros geniales libros de Big Al están disponibles en:

→ BigAlBooks.com/spanish ←

MÁS LIBROS EN ESPAÑOL

BigAlBooks.com/Spanish

Guía de Inicio Rápido para Redes de Mercadeo
Comienza RÁPIDO, ¡Sin Rechazos!

Pre-Cierres para Redes de Mercadeo
Decisiones de "Sí" Antes de la Presentación

Cierres para Redes de Mercadeo
Cómo Hacer que los Prospectos Crucen la Línea Final

Los Cuatro Colores de Las Personalidades para MLM
El Lenguaje Secreto para Redes de Mercadeo

La Presentación de Un Minuto
Explica Tu Negocio de Redes de Mercadeo Como un Profesional

Ventas al por Menor para Redes de Mercadeo
Cómo Conseguir Nuevos Clientes para Tu Negocio en MLM

Motivación. Acción. Resultados.
Cómo Los Líderes En Redes De Mercadeo Mueven A Sus Equipos

51 Maneras Y Lugares Para Patrocinar Nuevos Distribuidores
Descubre Prospectos Calificados Para Tu Negocio De Redes De Mercadeo

Rompe El Hielo
Cómo Hacer Que Tus Prospectos Rueguen Por un Presentación

¡Cómo Obtener Seguridad, Confianza, Influencia Y Afinidad Al Instante!
13 Maneras De Crear Mentes Abiertas Hablándole A La Mente Subconsciente

Primeras Frases Para Redes De Mercadeo
Cómo Rápidamente Poner A Los Prospectos De Tu Lado

La Magia De Hablar En Público
Éxito Y Confianza En Los Primeros 20
Segundos

MLM de Big Al la Magia de Patrocinar
Cómo Construir un Equipo de Redes de
Mercadeo Rápidamente

**Cómo Prospectar, Vender Y Construir Tu
Negocio De Redes De Mercadeo Con
Historias**

**Cómo Construir LíDERES En Redes De
Mercadeo Volumen Uno**
Creación Paso A Paso De Profesionales En MLM

**Cómo Construir Líderes En Redes De
Mercadeo Volumen Dos**
Actividades Y Lecciones Para Líderes de MLM

**Cómo Hacer Seguimiento Con Tus
Prospectos Para Redes De Mercadeo**
Convierte un "Ahora no" En un "¡Ahora
mismo!"

COMENTARIO DEL TRADUCTOR

Ha sido un placer para mí traducir este libro para los lectores en español. *Redes de Mercadeo en 15 Minutos Al Día*, hace más fácil construir tu negocio. Me ofrecí para traducir este libro ya que las frases aquí mostradas han trabajado tan bien para mí, que deseaba compartirlas con otros.

Todas las ideas y conceptos de este libro han sido probados por miles de empresarios de redes de mercadeo alrededor del mundo. Aprende y domina los conceptos, comprobados para hacer tu tiempo más efectivo y sacarle el máximo rendimiento a cada uno de esos 15 minutos.

Así que deja atrás la frustración, el rechazo, el miedo, las dudas y la desesperación. Simplemente usa estas ideas para conseguir un negocio sólido en menos tiempo de lo que te imaginas.

Gracias por soltar viejos patrones de pensamiento y creer que hay una nueva manera de construir tu negocio de redes de mercadeo rápidamente, sólo aprende nuevas habilidades para construir un negocio estable y redituable de la manera correcta.

Deseo grandes cheques para ti y tus socios.

–Alejandro G.

SOBRE LOS AUTORES

Keith Schreiter tiene más de 20 años de experiencia en redes de mercadeo y multinivel. Keith le muestra a los empresarios de redes de mercadeo cómo usar sistemas simples para construir un negocio estable y en expansión.

¿Necesitas más prospectos? ¿Necesitas que tus prospectos se comprometan en lugar de estancarse? ¿Quieres saber cómo enganchar y mantener activo a tu grupo? Si éste es el tipo de habilidades que te gustaría dominar, te encantará su estilo de cómo hacerlo.

Keith imparte conferencias y entrenamientos en Estados Unidos, Canadá y Europa.

Tom "Big Al" Schreiter tiene más de 40 años de experiencia en redes de mercadeo y multinivel. Es el autor de la serie original de libros de entrenamiento "Big Al" a finales de la década de los 70s, continúa dando conferencias en más de 80 países sobre cómo usar las palabras exactas y frases para lograr que los prospectos abran su mente y digan "SI".

Su pasión es la comercialización de ideas, campañas de comercialización y cómo hablar a la mente subconsciente con métodos prácticos y simplificados. Siempre está en busca de casos de estudio de campañas de comercialización exitosas para sacar valiosas y útiles lecciones.

Como autor de numerosos audios de entrenamiento, Tom es un orador favorito en convenciones de varias compañías y eventos regionales.

Made in the USA
Las Vegas, NV
11 November 2021